# ISO
## 경영시스템의 뉴 패러다임
# HLS

# ISO
## 경영시스템의 뉴 패러다임
홍종인 · 박지혁 공저

# HLS

한국표준협회미디어

# 머리말

## 통합경영시스템의 새 지평을 연 HLS

"어떻게 통합경영시스템을 구축하여야 하나?"

많은 기업들의 관심사이다. 하지만 그 해답을 제시하는 명쾌한 해법은 없었다. 전문가들 나름대로의 의견은 많았지만 합의를 얻는 데는 한계가 있었다. 필자 역시 기업에 제시할 수 있는 해법을 위해 '그 무엇이 있어야 함'을 느끼고 연구를 계속해왔다.

그러던 중 얼마 전 괄목할 만한 그 무엇이 눈에 띄었다. 국제표준화기구(ISO)에서 개발한 HLS(High Level Structure)! 그 내용을 들여다 본 순간, '아 이것이다!'라고 생각됐다. 여기에 답이 있는 것 같았고 깊이 들여다볼수록 더욱 확신이 들었다. ISO Guide 72라는 이름으로 세상에 나왔을 때는 그다지 주목을 받지 못했던 것이 HLS란 키워드로 새 단장을 하고 나타난 것이다. 이는 필자만의 생각이 아니었다. HLS에 대해 연구해가는 중에 HLS 개발을 담당한 JTCG(합동기술협력그룹, Joint Technical Coordination Group)에서 발표한 자료 중에 HLS의 편익에 대한 내용이 이를 뒷받침하고 있다.

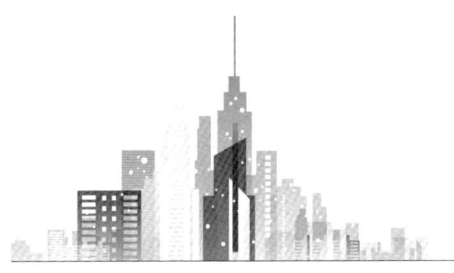

부속서 SL은 둘 이상의 경영시스템 표준의 요구사항을 동시에 만족시킬 수 있는 통합경영시스템을 운영하기로 한 조직에게 특히 유용할 것이다.
Annex SL will be particularly useful for those organizations that choose to operate a single (sometimes called "integrated") management system that can meet the requirements of two or more management system standards simultaneously.
[ Annex SL, Appendix 3, FAQ 7.]


이 HLS가 2015년판 ISO 9001 품질경영시스템과 ISO 14001 환경경영시스템 국제표준의 기본 틀이 되었기 때문에, 그동안 각양각색이었던 경영시스템 국제표준이 이제는 같은 틀을 갖추게 되었다. 정말 반가운 소식이다. HLS가 통합경영시스템의 방향을 제시하기 때문이다.

2015년 가을 세상에 선보이게 될 ISO 9001:2015 품질경영시스템 표준의 서문 첫 번째 구절에 '경영시스템의 도입은 조직의 전략적 의사결정이다'라는 말이 나온다. 이것은 15년 전 ISO 9001이 품질보증시스템 표준에서 품질경영시스템 표준으로 환골탈태하면서 조직 내에서 경영시스템이 어떻게 자리매김해야 할지를 간결하지만 명확하게 설명했던 바로 그 문장이다. 그로부터 15년이 지나 다시 한 번 HLS 기반의 경영시스템 표준으로 대대적으로 변화하게 되었지만 표준의 서문에 그 위치 그대로 자리하고 있는 것이다.

이 때문에 필자는 HLS 기반 경영시스템 표준의 등장이 어쩌면 15년 전의 선언에 대한 ISO의 실천적 대안이 아닐까 하는 생각을 한다. 그동안 각양각색이었던 경영시스템 국제표준이 하나의 틀로 통일되어 정렬(alignment)되고 일관성 있는 통합경영시스템을 구축할 수 있게 되었기 때문이다. 이제 조직의 목적 달성을 위해 수립된 전략을 효과적으로 실행하는 데 있어 경영시스템이 기반이 된 것이다. 바로 이 점이 이 책을 집필하게 된 가장 큰 동기이다.

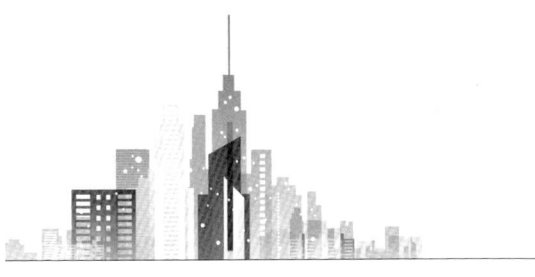

    이처럼 중요하고 의미 있는 주제를 다루는 집필 작업을 두 사람의 뜻이 하나가 되어 함께 할 수 있었다는 것이 큰 행운이었다. 이 책의 내용에 대해 객관적인 시각에서 조언을 아끼지 않은 많은 분들께 감사를 드리며, 여러 가지 국제 문서 번역에 애써준 김관욱 전문위원에게 고마움을 전한다. 또한 경영시스템과 관련한 다양한 분야의 선행 연구자들에게도 감사하는 마음을 갖는다. 끝으로, 이 책이 나올 수 있도록 적극적인 노력을 기울여 주신 한국표준협회미디어 박재우 사장님에게 깊은 감사를 드린다.

2015년 8월

홍종인, 박지혁

## 차례

머리말

# 제1부 HLS 개요

### 제1장 HLS란 무엇인가? • 015
경영시스템 표준의 표준화 • 015
경영시스템 표준의 역사와 HLS • 019

### 제2장 HLS가 나오기까지 • 025
통합경영시스템 표준의 무산 • 025
새로운 시도-ISO Guide 72 • 026
외견상 불발된 ISO Guide 83 • 031
ISO Directive Annex SL 채택 • 034

## 제2부 HLS 해설

**제1장 HLS의 이해 • 039**
　　왜 HLS를 이해하여야 하는가 • 039
　　HLS의 내용 • 040
　　HLS의 모델은 어떤 모습인가 • 041

**제2장 부속서 SL 부록 2 • 042**
**제3장 용어와 정의 • 044**
**제4장 조직의 상황 • 053**
**제5장 리더십 • 060**
**제6장 기획 • 067**
**제7장 지원 • 074**
**제8장 운영 • 088**
**제9장 성과 평가 • 094**
**제10장 개선 • 103**

# 제3부 HLS 활용

## 제1장 HLS 기반 통합경영시스템 구축 개요 • 113
경영시스템에 대한 새로운 시각 • 113
HLS 기반 통합경영시스템 구축 단계 • 117
길잡이를 따라서 • 118

## 제2장 1단계: 조직의 목적 및 전략 방향의 이해 • 120
미션, 가치, 비전의 명확화 • 121
전략의 개발 및 전개 • 125

## 제3장 2단계: 내외부 이슈와 이해관계자의 요구 및 기대 파악 • 139
전략 분석 결과 확인 • 139
내외부 이슈와 이해관계자의 요구 및 기대 파악 • 140

## 제4장 3단계: 리스크 평가 • 143
리스크 파악 • 144
리스크 분석 및 결정 • 148

## 제5장 4단계: 리스크 통제 방안 수립 • 150
리스크 통제 방향 결정 • 151
Rule Cascading 및 Rule Package 구축 • 152

## 제6장 5단계: 리스크 통제 방안 경영시스템 반영 • 154
통합경영시스템 설계 • 154
통합경영시스템 구축 및 실행 • 156
통합경영시스템 평가 및 개선 • 165

# 부록

부록 1  FAQ • **169**

부록 2  개념 문서 (Concept Document) • **181**

부록 3  용어 지침 (Terminology Guidance) • **217**

참고자료 • **228**

**제1부**
# HLS 개요

제1부
# HLS 개요

# 제1장
# HLS란 무엇인가?

### • 경영시스템 표준의 표준화

**경영시스템 표준**(management system standard)

우리는 경영시스템 표준 홍수의 시대에 살고 있다. 1987년 ISO 9000으로 시작된 경영시스템 국제표준은 21세기에 들어 마치 유행처럼 우후죽순 생겨났고, 2015년 7월 현재 약 20종에 이른다. 이러한 표준은 주제만 다를 뿐 본문 내용상으로는 그다지 차이가 없음에도 불구하고 조항의 구성과 본문의 표현 방식이 각기 달라 혼선을 빚고 있다.

조항의 구성이 다른 것은 차치하고라도, 조항의 명칭이 달라서 표준 사용자에게 혼선을 주고 있다. 예를 들면, 기업에서 가장 기본이 되는 사업 프로세스인 '영업-설계·개발-생산-서비스'

에 해당하는 조항의 명칭이 '제품 실현(product realization)', '운영관리(operation control)', '안전한 제품의 기획 및 실현(planning and realization of safe products)' 등으로 표준에 따라 다르기 때문이다.

각자 다른 조항의 구성과 명칭을 가진 경영시스템 국제표준이 등장함에 따라 경영시스템 표준의 구조, 내용, 용어 등의 통일이 요구되었다. '경영시스템 표준의 표준화'의 필요성이 대두된 것이다. 이를 국제표준화기구(ISO)에서는 다음과 같이 표현하고 있다.

ISO는 여러 해 동안 품질과 환경부터 정보보안, 사업연속성 및 기록에 이르기까지 다양한 범위의 경영시스템 표준을 발행해 왔다. ISO 경영시스템 표준은 공통 요소를 가지고 있음에도 불구하고 각기 다른 모습과 구조로 등장했다. 이는 결국 실행 단계에서 혼선과 애로를 초래하였다.

ISO has over the years published many management system standards for topics ranging from quality and environment to information security, business continuity management and records management. Despite sharing common elements, ISO management system standards come in many different shapes and structures. This, in turn, results in some confusion and difficulties at the implementation stage.

## 경영시스템 표준의 상위수준 구조 - HLS

경영시스템의 구조를 표준화하기 위한 방법으로 개별 표준보다 상위의 개념에서 공통되는 내용을 정한 것이 'HLS(High Level Structure)'이다. 따라서 HLS는 국제표준화기구에서 제시하는 '경영시스템 국제표준의 기본 틀'이라고 정의할 수 있다.

HLS에 따라 기존 경영시스템 표준 중에서 ISO 22301(사업연속성), ISO/IEC 27001(정보보호), ISO 14298(보안인쇄) 등은 이미 개정되었고, 개정 중에 있는 표준은 ISO 9001(품질), ISO 14001(환경), ISO 55001(자산) 등이다. 앞으로 개정되어야 할 표준은 ISO 22000(식품안전), ISO 28000(공급사슬 보안), ISO 30000(선박 재활용), ISO 50001(에너지), ISO/IEC 20000-1(IT서비스) 등이 있다. ISO 19600(준수), ISO 20121(이벤트 지속가능성), ISO 21101(모험관광), ISO 30301(기록), ISO 39001(도로교통안전) 등은 최초 제정부터 HLS를 따랐다.(2014년 12월 현재, [참고표준] 참조)

### Flower Model

HLS의 개념을 이해하기 쉽게 표현한 그림이 있다. 네덜란드에서 제안한 이른바 'Flower Model'이다. 품질, 환경, 안전보건 등에 관한 경영시스템 표준에 공통 요소가 있으므로, 공통사항을 핵심 요구사항으로 하고, 개별 표준에서는 특정 요구사항을 추가하는 방식으로 하자는 것이다. HLS는 Flower Model이 발전하여 ISO Guide 72가 제정되고, ISO Guide 83으로 변경되었다가 국제표준 기술작업지침서[1]에 포함되면서 확정된 것이다.

---

[1] ISO/IEC Directives, Part 1 — Consolidated ISO Supplement — Procedures specific to ISO(2014-04-30, Fifth edition), **Annex SL**,(normative) Proposals for management system standards, **Appendix 2**(normative) High level structure, identical core text, common terms and core definitions

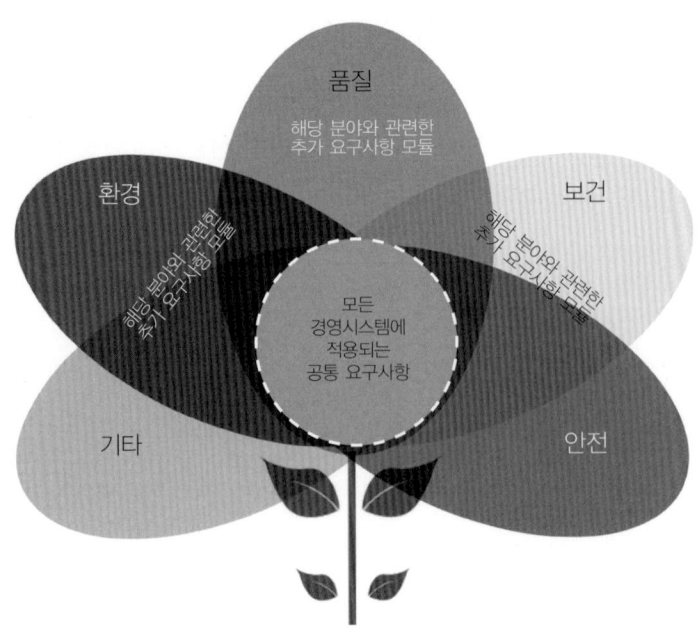

〈그림 1-1〉 Flower Model[2]

앞으로 ISO에서 발행되는 모든 경영시스템 표준은 HLS에 따라 다음의 세 가지 사항이 통일된다.(p.172 〈부록 1〉 FAQ 4 참조)

① 동일 조항 구조(identical structure): 조항의 순서와 명칭 일치
② 동일 핵심 본문(identical core text)
③ 공통 용어 및 정의(common terms and definitions)

---

[2] ISO group works to improve alignment of management system standards, Dick Hortensius, ISO Management Systems—September–October 2009

## • 경영시스템 표준의 역사와 HLS

HLS의 내용이 무엇인지 이해하기 위해서는 먼저 HLS가 나오게 된 배경을 이해하는 것이 도움이 될 것이다. 경영시스템 국제표준이 처음 탄생하고 발전되어 온 역사를 살펴보자.

### 경영시스템 국제표준의 효시 – ISO 9000

1987년 ISO 9000 국제표준의 제정은 전 세계적으로 커다란 반향을 일으켰다. '경영'에 관련된 국제표준이 처음 등장했기 때문이다. 당시에는 국제표준이 제품, 시험방법, 용어 등에 국한되어 있었으며 '품질시스템(quality system)'을 키워드로 하는 경영·관리 방법에 대한 국제표준은 처음이었다. 따라서 경영시스템 국제표준의 효시는 ISO 9000이라고 할 수 있다.

### 경영시스템 국제표준의 첫 파생 – ISO 14000

품질을 주제로 한 ISO 9000 국제표준의 등장 이후 얼마 지나지 않아 1996년에 환경을 주제로 한 ISO 14000 국제표준이 제정되었다. ISO 9000 시스템을 구축하고 운영하는 기업에서는 자연스럽게 ISO 14000 시스템에도 관심을 가지게 되었다. 하지만 두 개의 시스템을 적용하려는 조직에서는 혼란이 생겼다. 두 가지 국제표준의 구조가 크게 달랐기 때문이다. 당시 ISO 9000 국제표준은 '20가지 요구사항을 나열한 구조'이었으나, ISO 14000은 '요구사항을 6가지 범주로 구성한 구조'로 되어 있었다.

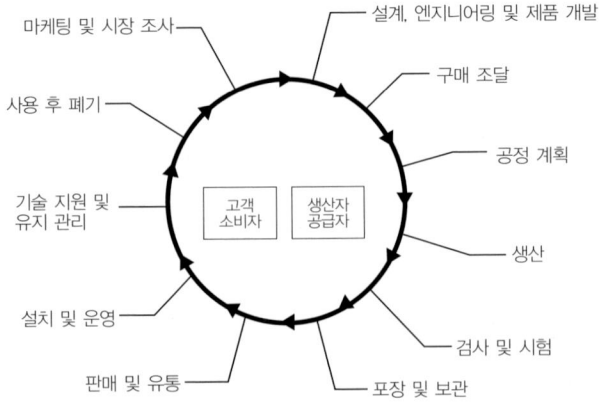

〈그림1-2〉 ISO 9000:1987 품질시스템 국제표준 구조

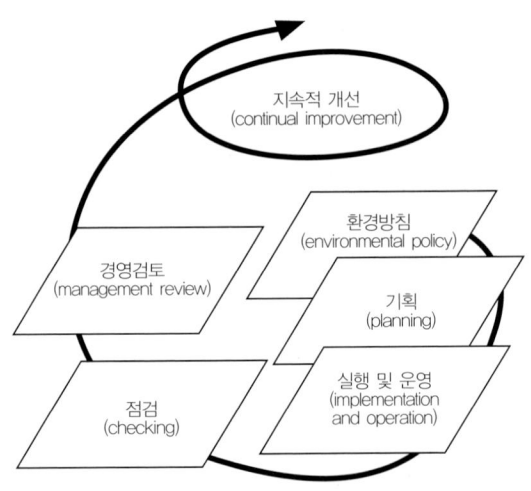

〈그림 1-3〉 ISO 14000:1996 환경경영시스템 국제표준 구조

## 국제표준 구조의 차이 – 혼선의 시작

ISO 14000 제정 이후 ISO 9000 품질경영시스템을 구축한 기업이 ISO 14000 환경경영시스템을 구축할 때 가장 먼저 마주치는 문제가 경영시스템의 통합, 즉 통합경영시스템 구축이었다.

두 가지 국제표준의 구조가 다르다 보니 이를 함께 적용하는 기업에서는 혼선이 생기기 시작했다. 내부심사, 시정조치, 예방조치, 경영검토 등과 같이 경영시스템 표준의 공통 요소인 요구사항이 중복되어 있으면서도 그 구성이 서로 달랐기 때문이다. 따라서 '두 개의 절차를 분리하여 운영할 필요가 있는가?', '품질매뉴얼이 있는데 환경매뉴얼을 합치는 것이 효율적인가?' 나아가 '품질시스템과 환경시스템을 통합하려면 어떻게 하는 것이 바람직한가?' 등의 물음이 발생하게 되었다.

이러한 문제를 해결하기 위하여 '공통 절차'와 '개별 절차'를 구분하는 방식으로 접근하는 기업이 있는가 하면, 중복되는 부분이 있다고 하더라도 혼선을 피하기 위하여 두 가지 시스템을 별도로 운영하는 방식을 택한 기업도 있었다. 두 가지 모두 장단점이 있기 때문에 당시 어느 쪽이 바람직하다고 결론을 내릴 수 없었다.

## 경영시스템 국제표준의 홍수 – 혼선의 본격화

ISO 9001과 ISO 14001 제정 이후 21세기에 들어서면서 경영시스템 국제표준이 봇물처럼 등장하기 시작하였다. 최초 제정 연도를 기준으로 주요 경영시스템 국제표준을 열거하면 다음과 같다.

- 1987년: ISO 9001 품질 (Quality management system)
- 1996년: ISO 14001 환경 (Environmental management system)
- 2005년: ISO 22000 식품안전 (Food safety management system)
- 2005년: ISO/IEC 27001 정보보호 (Information security management system)
- 2005년: ISO/IEC 20000-1 정보기술 서비스 (IT service management system)
- 2007년: ISO 28002 공급사슬보안 (Security management systems for the supply chain)
- 2009년: ISO 30000 선박재활용 (Ship recycling management systems)
- 2011년: ISO 30301 기록 (Management systems for records)
- 2011년: ISO 39001 도로교통안전 (Road traffic safety management system)
- 2012년: ISO 22301 사업연속성 (Business continuity management systems)
- 2012년: ISO 20121 이벤트지속가능성 (Event sustainability management system)
- 2012년: ISO 50001 에너지 (Energy management system)
- 2014년: ISO 55001 자산 (Asset management system)
- 2014년: ISO 34001 보안 (Security management systems)
- 2014년: ISO 21101 모험관광 안전 (Adventure tourism-Safety management systems)

    지금까지 제정된 경영시스템 표준을 유형별로 구분해 보면 품질, 환경, 식품안전 등의 '주제별 표준'과 '업종별 적용 지침 표준', 업종별 단체나 분야별 전문기관에서 해당 업종에 특화된 요구사항을 추가한 '파생표준'이 있다.[3]

---

**3** ISO 9001 국제표준을 기반으로 한 대표적인 파생표준을 열거하면 다음과 같다.
  - ISO/TS 16949: 자동차 생산 및 서비스 부품
  - ISO/TS 29001: 석유화학(Oil & gas)
  - ISO 13485: 의료기기(Medical devices)
  - ISO/IEC 90003: 소프트웨어(Software)
  - ISO/IEC 17020: 검사기관(Inspection body)
  - ISO/IEC 17025: 시험 및 교정 기관(Testing and calibration laboratories)
  - ISO/IEC 17065: 인증기관(Certification body)
  - ISO/IWA 1: 의료(Healthcare)
  - ISO/IWA 2: 교육(Education)
  - ISO/IWA 4: 지방자치단체(Local government)

## ISO의 해결책 – HLS

이와 같이 수많은 경영시스템 국제표준이 있으며, 계속해서 제정되고 있다. 이러한 상황에서 경영시스템 국제표준의 구조가 각기 다르다면 어떠한 일이 발생할지 짐작하는 것은 어렵지 않다. 경영시스템 국제표준의 기본 틀이 통일되지 않으면 이들 표준을 적용하거나 활용하려는 조직에서는 혼란스럽기 이를 데 없을 것이다.

이런 혼란을 방지하기 위해 국제표준화기구에서 경영시스템 표준의 기본 구조를 표준화하려는 의도로 HLS를 개발한 것이다. 쉽게 말해서 표준의 조항 구성과 본문의 표현을 통일시키는 기본 구조를 만들고, 각 주제별로 경영시스템 표준을 개발하는 기술위원회가 이를 따르도록 한 것이다.

## HLS와 집의 비유

HLS는 집으로 비유하면 이해가 쉽다. 아무런 조건 없이 집을 짓는다면 설계자에 따라 각기 다른 모습의 집이 지어질 것이다. 하지만 그렇게 되면 이사를 다닐 때마다 가구와 가전제품이 맞지 않아 새로 사야 하는 불편이 생긴다. 그런데 누가 이사를 오더라도 가구와 가전제품이 집에 잘 맞도록 집 골격에 표준을 두고 짓는다고 가정해 보자.

집의 골격이 표준화되어 있다 하더라도 집의 외양이나 인테리어를 달리하면 다양한 용도와 취향에 맞는 집을 지을 수 있다. 친환경을 선호하는 사람은 태양열 집열판이나 태양광 발전 모듈을 설치한 집을 지을 것이고, 보안에 신경을 쓰는 사람은 울타리와 방범창이 있는 집을 지을 것이다. 어느 경우라도 집의 골격이 같다면 상황에 따라 부수적인 부분이 바뀔 뿐, 내부 살림을 바꿔야 할 필요가 없을 것이다. 더불어 건축주 입장에서는 건축비가 절감되는 효과를 가져올 수 있다.

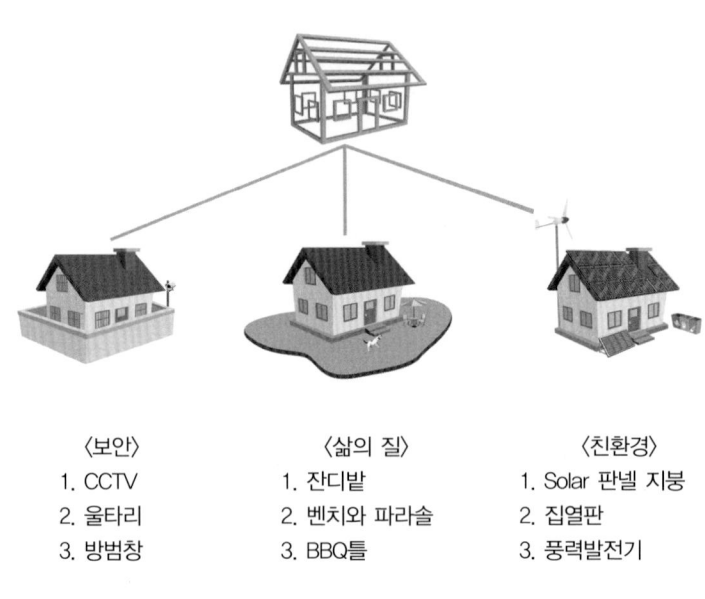

〈보안〉
1. CCTV
2. 울타리
3. 방범창

〈삶의 질〉
1. 잔디밭
2. 벤치와 파라솔
3. BBQ틀

〈친환경〉
1. Solar 판넬 지붕
2. 집열판
3. 풍력발전기

〈그림 1-4〉 HLS 기본 구조

# 제2장
# HLS가 나오기까지

## • 통합경영시스템 표준의 무산

ISO 9000 이후 ISO 14000이 제정되면서 품질, 환경 두 가지 경영시스템을 운영하는 기업들은 두 표준을 통합한 국제표준 제정을 국제표준화기구에 건의하였다.

하지만 여기에는 두 국제표준을 제정하는 기술위원회가 각각 다르다는 문제가 있었다(ISO 9000은 TC 176, ISO 14000은 TC 207). 그렇게 두 기술위원회가 협력하여 경영시스템 표준의 통합을 검토하였으나, 현실적으로 통합표준은 불가능한 것으로 판단되었다. 당시 ISO 9000 담당 기술위원회는 2000년판 개정을 진행하고 있었다. 통합경영시스템 표준에 대한 관심보다는 '프로세스 기반 경영시스템(process-based management system)'으로의 변화에

힘을 쏟고 있는 상황이었기 때문에 통합표준에 대한 관심은 멀어졌다. 결국 통합경영시스템 표준은 이상적인 희망에 그치고 말았다.

## 새로운 시도-ISO Guide 72

품질·환경 통합표준이 완전히 무산된 것은 아니었다. 기업의 요구이자 기대는 다른 형태로 구현되었다. 통합표준을 개발하는 대신 새로운 시도를 하였다. '경영시스템 표준 규격(MSS, Management Standard Specification)'을 만드는 것이었다. 이러한 시도가 구체화되어 2001년에 ISO Guide 72(경영시스템 표준의 타당성 및 개발에 대한 지침)[4]로 나타난 것이다.

### ISO Guide 72 특징

ISO Guide 72 부속서 B에서 경영시스템 표준의 공통 요소(common elements)로 다음의 6가지를 제시하고 있다.

**방침**(Policy) / **기획**(Planning) / **실행 및 운영**(Implementation and operation) / **성과 평가**(Performance assessment) / **개선**(Improvement) / **경영검토**(Management review)

---

[4] ISO Guide 72:2001 – Guidelines for the justification and development of management system standards

이는 ISO 14001 환경경영시스템 모델과 매우 유사하다. '점검'이란 용어가 '성과 평가'로 변경되었을 뿐이다.[5]

이런 점에서 ISO Guide 72는 경영시스템에 대한 미래지향적 대안을 제시하지 못하였다는 평가를 받았고, 이에 따라 경영시스템 표준 개발자들로부터 커다란 호응을 받지 못하였다.

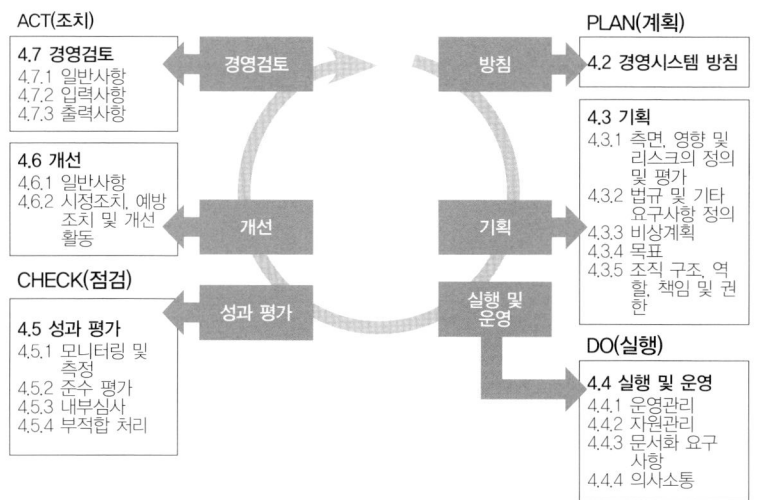

〈그림1-5〉 ISO Guide 72 Model[6]

ISO Guide 72가 경영시스템 표준에 대한 미래의 모습을 제시하는 데 실패하였다고 해서 성과가 없는 것은 아니다. ISO

---

[5] ISO 14001 : 4.1 일반 요구사항, 4.2 환경방침, 4.3 기획, 4.4 실행 및 운영, 4.5 점검, 4.6 경영검토
[6] ISO Guide 72에는 그림과 같은 모델을 제시하지 않고 있으나, 독자들의 이해를 돕기 위하여 부속서 B(Common elements of ISO MSSs)를 근거로 필자가 도형화하였다.

Guide 72에서 경영시스템 표준의 유형을 구분하고, '경영시스템 일반원칙'을 수립하였으며, '타당성 조사(justification study)' 프로세스와 기준을 마련하는 등 여러 가지 괄목할 만한 발전이 있었다. 다만, ISO Guide 72가 통합경영시스템의 방향을 제시하지 못한 것이 아쉬울 뿐이다.

## 경영시스템 표준의 유형

경영시스템 표준(MSS)에는 ISO 9001, ISO 14001과 같이 경영시스템에 대한 요구사항을 정한 표준이 있고, 이러한 요구사항을 해석하거나 실행하기 위한 지침을 제시하는 가이드라인 표준이 있으며, 이들 표준과 관련된 용어, 기법, 세부사항에 대한 참고사항을 제공하는 표준이 있다.

따라서 ISO Guide 72에서는 경영시스템 표준을 3가지 유형으로 구분하고, 유형에 따라 개발 지침을 제시하였다.

- Type A: management system requirements standard (유형A: 경영시스템 요구사항 표준)[7]
- Type B: management system guidelines standard (유형B: 경영시스템 가이드라인 표준)[8]

---

[7] Type A: management system requirements standard
— Management system requirements standards(specifications).
— Management system sector-specific requirements standards.
[8] Type B: management system guidelines standard
— Guidance on the use of management system requirements standards.
— Guidance on the establishment of a management system.
— Guidance on the improvement/enhancement of a management system.
— Management system sector-specific guidelines standards.

- Type C: management system related standard (유형C: 경영시스템 관련 표준)[9]

## 경영시스템 표준 개발 원칙

모든 일이 그렇듯이 먼저 원칙을 세우고 일을 착수하는 것이 당연하다. 이와 마찬가지로 경영시스템 표준을 개발할 때에도 원칙이 필요하다. ISO Guide 72에서는 〈표 1-1〉과 같은 10가지 경영시스템 표준 개발 원칙을 제시하였다.

### 〈표 1-1〉 10가지 경영시스템 표준 개발 원칙

| No | 원칙 | 설명 |
| --- | --- | --- |
| 1 | **시장 연관성**<br>Market relevance | 모든 경영시스템 표준은 주 사용자 및 다른 관련 당사자의 요구사항을 충족시켜야 하고, 가치를 부가해야 한다. |
| 2 | **병용성**<br>Compatibility | 다양한 경영시스템 표준 간, 혹은 경영시스템 표준 패밀리 내에서 병용성이 유지되어야 한다. |
| 3 | **사용의 용이성**<br>Ease of use | 사용자가 쉽게 하나 이상의 경영시스템 표준을 실행할 수 있다는 것을 보장해야 한다. |

---

**9** Type C: management system related standard
— Management system terminology documents.
— Standards on auditing, documentation, training, monitoring, measurement and performance evaluation.
— Standards on labelling and life-cycle assessment.

| | | |
|---|---|---|
| 4 | 주제의 범위<br>Topic coverage | 경영시스템 표준은 부문별 분산에 대한 요구사항을 제거하거나 최소화할 수 있는 충분한 적용범위를 가져야 한다. |
| 5 | 유연성<br>Flexibility | 경영시스템 표준은 모든 관련 분야와 문화, 모든 크기의 조직에 적용할 수 있어야 한다. 경영시스템 표준은 조직이 경쟁적으로 추가하거나, 다른 것들과 차별화하거나, 표준을 넘어서 경영시스템을 향상시키는 것을 막아서는 안 된다. |
| 6 | 기술적으로 안정된 기반<br>Technically sound basis | 경영시스템 표준은 증명된 관리 실무 혹은 기존에 과학적으로 검증되거나 관련된 데이터를 기반으로 해야 한다. |
| 7 | 쉬운 이해<br>Easily understood | 경영시스템 표준은 쉽게 이해되고, 모호하지 않고, 문화적 편견에서 자유로우며, 쉽게 번역될 수 있고, 일반적으로 비즈니스에 적용 가능해야 한다. |
| 8 | 자유무역<br>Free trade | 경영시스템 표준은 무역의 기술적 장벽에 대한 세계무역기구(WTO) 협정 내에 포함되어 있는 원칙을 적용하여 제품 및 서비스의 자유 무역을 허가해야 한다. |
| 9 | 적합성평가의 적용성<br>Applicability of conformity assessment | 제1자, 제2자, 제3자 적합성평가 및 결합된 평가에 대한 시장 요구는 평가되어야 한다. 발생한 경영시스템 표준은 범위 내에서 적합성 평가를 위한 사용 적합성을 명확하게 다루어야 한다. 경영시스템 표준은 공동 심사를 촉진해야 한다. |
| 10 | 제외사항<br>Exclusions | 경영시스템 표준은 직접 관련된 제품 규격(서비스 포함), 시험 방법, 성능 수준(한계 설정) 또는 이행 조직에 의해 생산된 제품에 대한 표준화의 다른 형태를 포함하지 않아야 한다. |

ISO Guide 72에서 제시한 원칙은 ISO Directive Part 1의

Annex SL로 채택되면서 두 가지가 삭제되어 8가지 원칙이 되었다.(p.35 〈표 1-3〉 참조)[10]

**〈표 1-2〉 ISO Guide 72 목차**

1 적용범위
2 인용표준
3 용어와 정의
4 약어
5 일반 원칙
6 타당성 조사(justification study) 프로세스 및 기준
   6.1 일반사항
   6.2 타당성 조사 프로세스
   6.3 타당성 조사 기준
7 MSS 개발 프로세스 및 구조 가이드
   7.1 일반사항
   7.2 MSS 개발 프로세스
   7.3 경영시스템 표준 모델, 구조 및 공통 요소
부록 A 타당성 기준(justification criteria) 질문
부록 B ISO MSSs의 공통 요소

## 외견상 불발된 ISO Guide 83

ISO Guide 72가 발행된 2001년 이후 ISO의 여러 기술위원회에서 경영시스템 표준을 쏟아내기 시작했다. 제1장에서 기술한

---

[10] ISO Directive Part 1, Annex SL, Appendix 2의 8 원칙 참조. 'Technically sound basis'와 'Easily understood' 원칙은 삭제됨

것과 같이 21세기에 들어서면서는 '경영시스템 국제표준의 홍수'라 불릴 정도로 다양한 경영시스템 표준이 제정되기 시작하였다. 문제는 ISO Guide 72에서 지침을 제공하고 있음에도 불구하고 새로 등장하는 경영시스템 표준의 구성이 여전히 다르다는 점이다. 일부 표준은 ISO Guide 72를 충실히 따른 것도 있었지만 어떤 표준은 거의 따르지 않았다.

이러한 상황에서 경영시스템 표준의 일관성 및 정렬성을 높이기 위하여 ISO 기술관리이사회(TMB)는 2006년 경영시스템 표준의 개발을 조정하는 합동기술협력그룹(JTCG)을 설치하였다.

JTCG는 2년간 다섯 번의 회의를 거친 결과를 바탕으로 2009년 4월 말 경영시스템 표준 개발과 관련된 모든 기술위원회에 중요한 제안을 하였다. 이 제안에는 모든 ISO 경영시스템 표준의 조항에 동일한 제목과 공통 핵심 용어를 사용하는 것이 포함되어 있었다. 이 제안은 HLS 탄생의 중요한 계기가 되었다.

### 탈락이 아닌 승진

이 제안 이후 2011년까지 JTCG는 ISO Guide 72와는 별도로 새로운 가이드(ISO Guide 83)를 제정하기 위한 작업을 진행하였다. 하지만 JTCG의 노력은 가시적인 결실을 보지 못하고 말았다. 결론부터 이야기하자면, 공식적으로 ISO Guide 83은 발행되지 않았다. 2011년 'ISO Guide 83 초안-경영시스템 표준의 기본 구조, 동일 핵심 본문과 공통 핵심 경영시스템 용어 및 정의'가 투표를 위한 회람 과정에서 중단되었다.

ISO Guide 83 제정이 불발되었다고 해서 JTCG의 노력이 허사가 된 것은 아니다. 실질적으로 Draft ISO Guide 83의 내용은 거의 그대로 ISO Directive의 Annex SL로 채택되었기 때문이다. Draft ISO Guide 83은 Annex SL과 같다고 해도 과언이 아니다. 따라서 'ISO Guide 83은 탈락된 것이 아니라 상위 Directive로 승진한 것'이다.

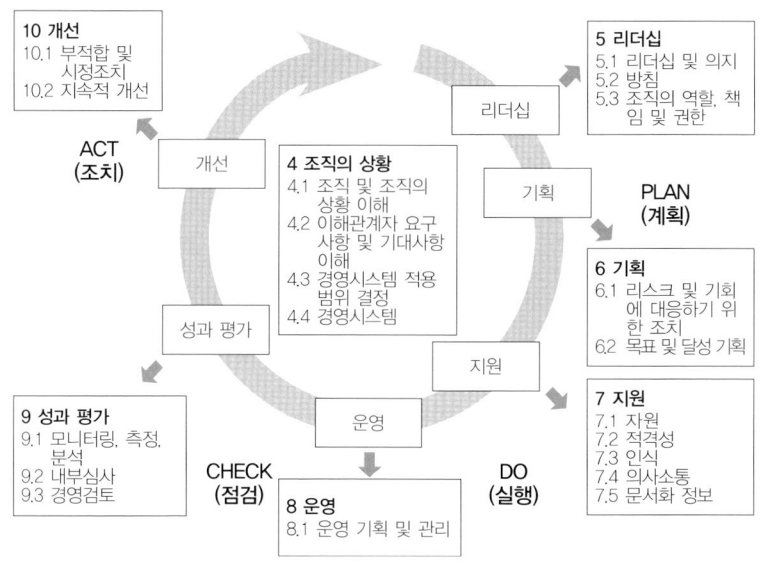

〈그림 1-6〉 ISO Guide 83 Model[11]

---

[11] ISO Guide 83(Final Draft)에는 그림과 같은 모델을 제시하고 있지 않으나, 독자들의 이해를 돕기 위하여 부속서 B(Common elements of ISO MSSs)를 근거로 필자가 도형화하였다.

## ISO Directive Annex SL 채택

ISO Guide 72가 발행된 2001년 이후 ISO의 여러 기술위원회에서 경영시스템 표준을 쏟아내기 시작했다. 문제는 ISO Guide 72에서 지침을 제공하고 있음에도 불구하고 새로 등장하는 경영시스템 표준의 구성이 여전히 달랐다는 점이다.

일부 표준은 ISO Guide 72를 충실히 따랐지만 어떤 표준은 거의 따르지 않았다.

ISO Guide 문서는 '권고사항'이므로 경영시스템 표준의 통일성을 기하기 어렵다고 판단하고, 이를 효과적으로 해결하기 위해서 '의무사항'인 ISO Directive에 포함시키는 것으로 방향을 선회하였다.

그 결과 ISO Guide 83 최종안의 내용이 2012년 ISO/IEC 기술작업지침서의 부속서에 포함되었다. 정확히 말하자면 'ISO/IEC Directive Part 1, Consolidated ISO Supplement-Annex SL Appendix 2'에 포함된 것이다.

Annex SL에는 신규 경영시스템 제안 절차와 공통적인 접근 방식인 경영시스템 표준 초안 작업 규칙이 규정되어 있으며, 아래 3개의 부록이 포함되어 있다.

- **부록 1:** 타당성 기준 질문
- **부록 2:** 기본 구조, 동일 핵심 본문, 공통 용어 및 핵심 정의
- **부록 3:** 기본 구조, 동일 핵심 본문, 공통 용어 및 핵심 정의에 관한 가이던스

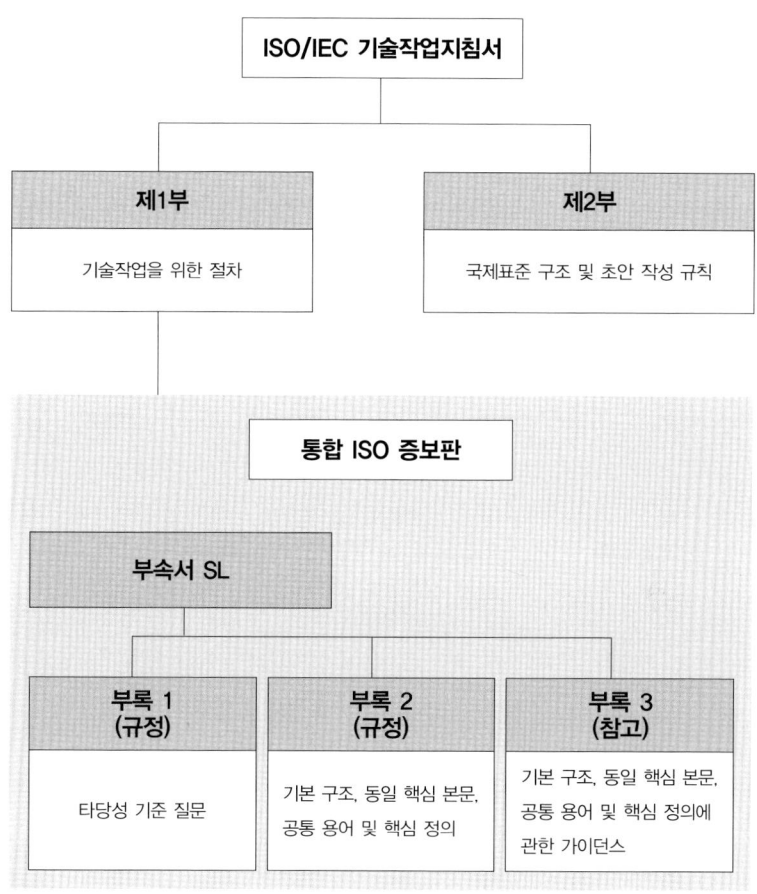

〈그림 1-7〉 ISO/IEC 기술작업지침서 부속서 SL

〈표 1-3〉 경영시스템 표준 개발 8원칙 (ISO Directive Part 1, Annex SL)

| No | 원칙 | 설명 |
|---|---|---|
| 1 | 시장 연관성<br>Market relevance | 경영시스템 표준은 주 사용자와 다른 영향을 받는 당사자의 요구를 충족시켜야 하고, 그들을 위하여 가치를 창출하여야 한다. |

| | | |
|---|---|---|
| 2 | 병용성<br>Compatibility | 다양한 경영시스템 표준 간, 그리고 경영시스템 표준 패밀리 내에서 병용성을 유지하여야 한다. |
| 3 | 주제의 범위<br>Topic coverage | 경영시스템 표준은 분야별 분산에 관한 요구사항을 제거하거나 최소화할 수 있는 충분한 적용범위가 있어야 한다. |
| 4 | 유연성<br>Flexibility | 경영시스템 표준은 모든 관련 영역과 문화에 속한 다양한 규모의 조직에 적용 가능하여야 한다. 경영시스템 표준은 조직이 경쟁적으로 추가하거나, 다른 조직과 차별화하거나, 표준 이상으로 경영시스템을 개선하는 것에 걸림돌이 되면 안 된다. |
| 5 | 자유무역<br>Free trade | 경영시스템 표준은 무역의 기술적 장벽에 관한 세계무역기구(WTO) 협정에 포함된 원칙에 따라 상품과 서비스의 자유 무역을 허용하여야 한다. |
| 6 | 적합성평가의 적용성<br>Applicability of conformity assessment | 제1자, 제2자, 제3자 적합성평가 또는 그것의 조합에 관한 시장 요구를 평가하여야 한다. 그 결과로 나온 경영시스템 표준은 그 범위 내에 적합성평가로 사용하기 적절한지 분명히 밝혀야 한다. 경영시스템 표준은 공동심사(joint audit)를 용이하게 하여야 한다. |
| 7 | 제외사항<br>Exclusions | 경영시스템 표준은 직접 관련된 제품(서비스 포함) 규격, 시험 방법, 성능 수준(한계 설정) 또는 실행 조직에 의해 생산된 제품에 관한 다른 형식의 표준화를 포함하지 않아야 한다. |
| 8 | 사용의 용이성<br>Ease of use | 사용자가 하나 이상의 경영시스템 표준을 쉽게 실행할 수 있어야 한다. 경영시스템 표준은 쉽게 이해되고, 명백하여야 하고, 문화적 편견이 없어야 하며, 쉽게 해석되고, 일반적으로 비즈니스에 적용 가능하여야 한다. |

## 제2부
# HLS 해설

제2부
HLS 해설

**제1장**
# HLS의 이해

## ▌왜 HLS를 이해하여야 하는가

이미 몇몇 경영시스템 표준은 HLS(High Level Structure)에 따라 개정되었고, HLS를 따르지 않은 표준들은 앞으로 개정될 예정이다. 또한 HLS에 맞추어 현재 표준을 개정하고 있으며, 앞으로 제정되는 경영시스템 표준은 예외 없이 HLS를 따르게 될 것이다. 그런 의미에서 경영시스템 기본 구조의 내용을 이해하는 것은 매우 의미가 있는 일이다.

HLS를 알면 경영시스템 표준이 왜 바뀌는지, 무엇이 달라질 것인지를 알 수 있고, 앞으로 나타날 경영시스템 표준의 미래 모습을 예측할 수 있다. 적어도 10년 동안은 경영시스템 표준의 틀과 내용이 HLS에 맞춰질 것이다.

## HLS의 내용

HLS는 국제표준화기구의 기술작업지침서에 포함되어 있다. 구체적으로 말하면, 'ISO/IEC Directives Part 1, Consolidated ISO Supplement-Procedures specific to ISO'의 부속서(Annex SL Appendix 2)에 들어있다.[12]

HLS의 내용은 Annex SL Appendix 2의 본문 목차를 보면 알 수 있다.

〈표 2-1〉 HLS 목차

| 1. 적용범위 | Scope |
| --- | --- |
| 2. 인용표준 | Normative references |
| 3. 용어와 정의 | Terms and definitions |
| 4. 조직의 상황 | Context of the organization |
| 5. 리더십 | Leadership |
| 6. 기획 | Planning |
| 7. 지원 | Support |
| 8. 운영 | Operation |
| 9. 성과 평가 | Performance evaluation |
| 10. 개선 | Improvement |

---

[12] HLS는 2012년 제4판에 처음 포함되었으나, 현재는 2014년에 발행된 제5판(Fifth edition)이 최신판이다.

모든 경영시스템 표준의 주요 조항 번호 및 명칭은 HLS에 따라 통일된다. 소개, 적용범위 및 인용표준은 각 분야(discipline)별로 독자적인 내용이 될 것이다. 각 표준에는 참고문헌이 포함될 수 있다. 다소 생소해 보일 수 있는 이 구조에 모든 경영시스템 표준의 요구사항이 재구성될 것이다.

## HLS의 모델은 어떤 모습인가

HLS의 모델이 어떤 모습일지 궁금해 하는 독자에게는 다소 실망스러운 답변이 되겠지만, Annex SL에는 HLS 모델이 포함되어 있지 않다. 그 이유는 그동안 여러 경영시스템 표준에 각 표준의 특성에 따른 모델(프로세스 모델, PDCA 모델 등)이 사용되고 있으므로 이 모델까지 표준화할 필요성이 없다고 판단하였기 때문이다. HLS 개발을 담당했던 JTCG(합동기술협력그룹)에서는 다음과 같이 밝히고 있다.[13]

> 『부속서 SL의 부록 3을 개발하면서 기존 경영시스템 표준을 검토하였다. 많은 모델이 사용 중에 있어서 어떤 모델도 채택하지 않았다. 하지만 모델 다이어그램(model diagram)이 경영시스템 표준에 포함되는 것을 배제하는 것은 아니다.』

---

[13] p.176 〈부록 1〉 FAQ 11 참조

## 제2장
# 부속서 SL 부록 2

- 부속서 SL 부록 2의 제목

**부록 2**

(규정)

기본 구조, 동일 핵심 본문, 공통 용어 및 핵심 정의

**비고** 동일 본문 제안에서, XXX는 어느 한 MSS 분야 고유의 한 정사/수식어(예: 에너지, 도로교통 안전, IT 보안, 식품 안전, 사회적 안전, 환경, 품질)를 삽입하여야 한다.

**Appendix 2**

(normative)

High level structure, identical core text,

> **common terms and core definitions**
>
> **NOTE** In the Identical text proposals, XXX = an MSS discipline specific qualifier(e.g. energy, road traffic safety, IT security, food safety, societal security, environment, quality) that needs to be inserted.

## HLS

이 책의 제목을 HLS(High Level Structure)라 한 것은 부속서 SL 부록 2의 제목이 'High level structure, identical core text, common terms and core definitions(상위수준 구조, 동일 핵심 본문, 공통 용어와 핵심 정의)'이며, 이 중 핵심이 HLS이기 때문이다.

## 규정

부록 2 아래에 '규정(normative)'이라 명시한 것은 이 부록은 '참고사항'이 아니라 '의무사항'임을 나타낸다. 즉, 반드시 준수하여야 함을 명시한 것이다.

## 한정사/수식어 XXX

XXX는 분야 고유의 한정사/수식어(discipline-specific qualifier)이므로 분야별 표준에서는 XXX 대신 경영시스템 분야의 한정사/수식어를 넣어야 한다.

## 제3장
# 용어와 정의

## 용어와 정의 (Terms and definitions)

이 문서의 목적을 위하여, 다음 용어와 정의를 적용한다.
For the purposes of this document, the following terms and definitions apply.

### 3.01 조직(organization)

목표(3.08) 달성을 위하여 책임, 권한 및 관계의 자체 기능을 가진 개인 또는 사람들의 집단
person or group of people that has its own functions with responsibilities, authorities and relationships to achieve its objectives(3.08)

비고 여기서 조직은 법인 설립 여부와 관계없이 민간 또는 공공 분야의 각종 개인 사업자, 회사, 법인, 업체, 기업, 기관, 조합, 협회, 자선 단체나 기관 또는 이들의 일부나 조합된 상태를 포함하되 이에 국한되지 않는다.

## 3.02 이해관계자(interested part: 선호 용어, stakeholder: 허용 용어)

어떤 결정이나 활동에 영향을 미치거나 그것의 영향을 받거나, 스스로 영향을 받는다고 인식하는 개인 또는 조직(3.01)

person or organization(3.01) that can affect, be affected by, or perceive itself to be affected by a decision or activity

## 3.03 요구사항(requirement)

일반적으로 묵시적이거나 의무적이라고 표현되는 요구 또는 기대

need or expectation that is stated, generally implied or obligatory

비고 1 '일반적으로 묵시적'이라 함은 고려 중인 요구나 기대가 해당 조직과 이해관계자에게는 관습이나 일반적 관행임을 의미한다.
비고 2 규정된 요구사항은 예를 들어 문서화된 정보에 명시된 것을 의미한다.

## 3.04 경영시스템(management system)

목표 달성을 위하여 방침(3.07), 목표(3.08) 및 프로세스(3.12)를 수립하기 위한 조직(3.01)과 상호 연관되거나 상호 작용하는 요소의 집합

set of interrelated or interacting elements of an organization(3.01) to establish policies(3.07) and objectives(3.08) and processes(3.12) to achieve those objectives

**비고 1** 경영시스템은 단일 분야 또는 복수 분야를 다룰 수 있다.
**비고 2** 시스템 구성요소로는 조직의 구조, 역할 및 책임, 기획 및 운영이 있다.
**비고 3** 경영시스템의 적용범위는 조직 전체, 조직의 확인된 특정 기능, 조직의 파악된 특정 구역, 또는 여러 조직에 걸친 하나 이상의 기능일 수 있다.

### 3.05 최고경영자(top management)

최고 수준에서 조직(3.01)을 지휘하고 통제하는 개인 또는 사람들의 집단

person or group of people who directs and controls an organization(3.01) at the highest level

**비고 1** 최고경영자는 조직 내에 권한을 위임하고 자원을 제공하는 권한을 갖는다.
**비고 2** 경영시스템(3.04)의 적용범위가 조직의 일부에만 해당되는 경우, 최고경영자는 그 조직의 일부만을 지휘하고 통제하는 자를 의미한다.

### 3.06 효과성(effectiveness)

계획된 활동이 실현되고 계획된 결과가 달성되는 정도

extent to which planned activities are realized and planned results achieved

## 3.07 방침(policy)

최고경영자(3.05)가 공식적으로 표명한 조직(3.01)의 의도와 방향

intentions and direction of an organization(3.01), as formally expressed by its top management(3.05)

## 3.08 목표(objective)

달성될 결과

result to be achieved

**비고 1** 목표에는 전략적 목표, 전술적 목표, 운영 목표가 있다.
**비고 2** 목표는 다른 분야(재무, 안전보건, 환경 목표와 같은)와 관련될 수 있고 다른 수준(전략, 전사, 프로젝트, 제품 및 프로세스(3.12))에 적용할 수 있다.
**비고 3** 목표는 다른 방식으로도 표현할 수 있다. 예를 들어 의도한 결과, 목적, 운영 기준, XXX 목표, 또는 유사한 의미를 지닌 다른 단어(예: aim, goal, target)를 사용할 수 있다.
**비고 4** XXX 경영시스템에서 조직이 특정 결과를 달성하기 위해, XXX 방침과 일치하는 XXX 목표를 설정한다.

## 3.09 리스크(risk)

불확실성의 영향

effect of uncertainty

**비고 1** 영향이란 예상되는 것(긍정적이든 부정적이든)에서 벗어나는 것이다.
**비고 2** 불확실성은 어떤 사건, 그 결과, 발생가능성에 관한 이해나 지식과 관련하여 부분적일지라도 정보가 부족한 상태를 의미한다.

**비고 3** 리스크는 잠재적 사건(ISO Guide 73: 2009, 3.5.1.3에 정의)과 결과(ISO Guide 73: 2009, 3.6.1.3에 정의) 또는 둘의 조합을 언급하여 나타내기도 한다.
**비고 4** 사건의 결과(상황의 변화 포함)와 관련된 결과의 발생가능성(ISO Guide 73: 2009, 3.6.1.1에 정의)을 조합하여 표현하기도 한다.

### 3.10 적격성(competence)

지식과 기술을 적용해 의도했던 결과를 달성하는 능력

ability to apply knowledge and skills to achieve intended results

### 3.11 문서화된 정보(documented information)

조직(3.01)이 통제하고 유지하여야 하는 정보와 그 정보가 들어 있는 매체

information required to be controlled and maintained by an organization(3.01) and the medium on which it is contained

**비고 1** 문서화된 정보의 형식, 매체 및 출처는 다양할 수 있다.
**비고 2** 문서화된 정보는 다음에 관한 것일 수 있다.
　　　　－ 관련된 프로세스(3.12)를 포함한 경영시스템(3.04)
　　　　－ 조직 운영을 위하여 생성한 정보(문서화)
　　　　－ 달성된 결과의 증거(기록)

### 3.12 프로세스(process)

입력물을 출력물로 변경하여 변환시키는, 상호 관련되거나 상호 작용하는 활동들의 집합

set of interrelated or interacting activities which transforms inputs into outputs

## 3.13 성과(performance)

측정 가능한 결과
measurable result

**비고 1** 성과는 정량적이거나 정성적인 결과물과 관련될 수 있다.
**비고 2** 성과는 활동, 프로세스(3.12), 제품(서비스 포함), 시스템 또는 조직(3.01)의 관리와 관련될 수 있다.

## 3.14 외주처리(outsource)

외부조직(3.01)이 조직의 기능 또는 프로세스(3.12)의 일부를 수행하는 체계를 마련하다
make an arrangement where an external organization(3.01) performs part of an organization's function or process(3.12)

**비고** 외부조직은 경영시스템(3.04)의 적용범위 밖에 있지만 외주처리 기능 또는 프로세스는 적용범위 안에 있다.

## 3.15 모니터링(monitoring)

시스템, 프로세스(3.12) 또는 활동의 상태를 결정하는 것
determining the status of a system, a process(3.12) or an activity

**비고** 상태를 파악하기 위하여 확인, 감독 또는 비판적 관찰이 필요할 수 있다.

## 3.16 측정(measurement)

가치를 결정하기 위한 프로세스(3.12)
process(3.12) to determine a value

### 3.17 심사(audit)

심사 기준에 어느 정도까지 충족되는지를 결정하기 위하여 심사 증거를 확보하고 그것을 객관적으로 평가하기 위한 체계적이고 독립적인 문서화된 프로세스(3.12)

systematic, independent and documented process(3.12) for obtaining audit evidence and evaluating it objectively to determine the extent to which the audit criteria are fulfilled

**비고 1** 심사는 내부심사(제1자) 또는 외부심사(제2자 또는 제3자)가 될 수 있고, 통합심사(2개 이상의 분야를 결합한)가 될 수 있다.
**비고 2** 내부심사는 해당 조직 자체 또는 외부 당사자가 대신하여 실시한다.
**비고 3** 심사 증거 및 심사 기준은 ISO 19011에서 정의된다.

### 3.18 적합성(conformity)

요구사항(3.03)의 충족

fulfillment of a requirement(3.03)

### 3.19 부적합(nonconformity)

요구사항(3.03)의 불충족

non-fulfillment of a requirement(3.03)

### 3.20 시정조치(corrective action)

부적합(3.19)의 원인을 제거하고 재발을 방지하기 위한 활동

action to eliminate the cause of a nonconformity(3.19) and to prevent recurrence

### 3.21 지속적 개선(continual improvement)

성과(3.13)를 향상시키기 위한 반복적인 활동
recurring activity to enhance performance(3.13)

**해설** 경영시스템 관련 용어와 정의

경영시스템 표준의 명확한 이해를 위해서는 용어의 통일과 용어의 정의에 대한 이해가 중요하다. 여기서는 ISO 9001, ISO 14001 등 여러 경영시스템 표준에서 공통적으로 사용된 용어를 21개로 정리하여 제시하고 있다.

HLS에서 사용된 21개 용어 중에는 품질경영시스템 용어에 대한 국제표준인 ISO 9000:2005(기본사항 및 용어)에 없는 용어가 8개(방침, 목표, 리스크, 문서화된 정보, 성과, 외주처리, 모니터링, 측정)가 추가되었으며, 7개의 용어(조직, 이해관계자, 경영시스템, 적격성, 심사, 시정조치, 지속적 개선)의 정의가 변경되었다. 나머지 6개 용어는 동일하다.

HLS 용어의 정의와 ISO 9000:2005 용어의 정의를 비교하면 다음 페이지의 〈표 2-2〉와 같다.

<표 2-2> HLS와 ISO 9000:2005의 용어 정의 비교

| HLS 조항번호 | 영문 | 한글 | ISO 9000:2005 조항번호 | 신규 | 변경 | 동일 |
|---|---|---|---|---|---|---|
| 3.01 | organization | 조직 | 3.01 | | ● | |
| 3.02 | interested part | 이해관계자 | 3.02 | | ● | |
| 3.03 | requirement | 요구사항 | 3.03 | | | ● |
| 3.04 | management system | 경영시스템 | 3.04 | | ● | |
| 3.05 | top management | 최고경영자 | 3.05 | | | ● |
| 3.06 | effectiveness | 효과성 | 3.06 | | | ● |
| 3.07 | policy | 방침 | 3.07 | ● | | |
| 3.08 | objective | 목표 | 3.08 | ● | | |
| 3.09 | risk | 리스크 | 3.09 | ● | | |
| 3.10 | competence | 적격성 | 3.10 | | ● | |
| 3.11 | documented information | 문서화된 정보 | 3.11 | ● | | |
| 3.12 | process | 프로세스 | 3.12 | | | ● |
| 3.13 | performance | 성과 | 3.13 | ● | | |
| 3.14 | outsource | 외주처리 | 3.14 | ● | | |
| 3.15 | monitoring | 모니터링 | 3.15 | ● | | |
| 3.16 | measurement | 측정 | 3.16 | ● | | |
| 3.17 | audit | 심사 | 3.17 | | ● | |
| 3.18 | conformity | 적합성 | 3.18 | | | ● |
| 3.19 | nonconformity | 부적합 | 3.19 | | | ● |
| 3.20 | corrective action | 시정조치 | 3.20 | | ● | |
| 3.21 | continual improvement | 지속적 개선 | 3.21 | | ● | |

# 제4장
# 조직의 상황

● 조직의 상황 (Context of the organization)

### 4.1 조직 및 조직의 상황에 관한 이해

조직은 조직의 목적과 관련 있고 조직의 XXX 경영시스템에서 의도된 결과를 달성하기 위한 능력에 영향을 미치는 외부 및 내부 이슈를 결정하여야 한다.

### 4.1 Understanding the organization and its context

The organization shall determine external and internal issues that are relevant to its purpose and that affect its ability to achieve the intended outcome(s) of its XXX management system.

**해설1** 경영시스템 수립의 첫 단계

이 문장을 축약하면 '조직의 목적과 경영시스템에 영향을 미치는 외부·내부 이슈의 결정'이다. 이 문장은 경영시스템 수립 및 운영의 첫 단초를 제시하는 중요한 메시지를 담고 있다. 경영시스템을 구축하려는 조직에게 '먼저 상황을 파악하라!'고 요구하고 있는 것이다.

일반적으로 '상황 파악'은 조직의 전략을 수립하기 위한 준비 작업으로 수행된다. 또한 수립된 전략을 실행하기 위한 방법을 결정할 때에도 필요하다. HLS에서는 경영시스템을 수립하기 위한 준비 작업으로 실시하는 것에 초점을 맞추고 있다.

**해설2** 결정(determine)

이슈를 'determine(결정)'하도록 규정하고 있다. 이전에는 경영시스템 표준에서 'identify(파악)'를 많이 사용했다. 결정과 파악, 두 용어는 비슷하지만 의미가 다르다. 사전적 의미에서 결정은 '조사, 시험 또는 계산으로 명확히 하거나 찾는 것(establish or find out with certainty by research, examination or calculation)'으로, 파악은 '무엇 또는 누군가의 정체를 만드는 것(establish the identity of something or somebody)'으로 구분하고 있다. '결정'은 파악은 물론 분석 또는 평가를 포함하는 개념으로 이해하는 것이 좋다. [14, 15]

---

[14] p.177 〈부록 1〉 FAQ 15 참조
[15] 우리나라에서는 ISO 경영시스템 국제표준을 번역할 때, 'identify'를 '식별하다'와 '파악하다' 두 가지 용어로 구분하여 사용하고 있다. 제품, 장비, 문서, 기록 등의 유형적(tangible)인 것에 대해서는 '식별하다'를 사용하고, 프로세스, 활동, 변경, 문제점 등의 무형적(intangible)인 것에 대해서는 '파악하다'로 번역하고 있다.

**해설3** **목적**(purpose)

문장 중 '조직의 목적과 관련'이라는 문구에서 '목적'이란 단어를 사용하고 있지만, 목적에 대한 정의가 없으므로 일반적 의미로 해석할 수밖에 없다. 따라서 이 목적은 '미션·비전·전략'을 말하는 것으로 이해하면 될 것이다.

각 분야별 경영시스템 표준에서는 이 문장을 보다 구체적으로 명시할 것으로 판단되고, 결정할 대상 이슈가 조직과 무관한 이슈를 말하는 것이 아님은 분명하기 때문에, 현 시점에서 이 단어의 의미에 대해 논란을 제기할 필요는 없다.

### 4.2 이해관계자 요구와 기대의 이해

조직은 다음을 결정하여야 한다.
- XXX 경영시스템과 관련된 이해관계자
- 이들 이해관계자의 관련 요구사항

### 4.2 Understanding the needs and expectations of interested parties

The organization shall determine:
- the interested parties that are relevant to the XXX management system;
- the relevant requirements of these interested parties

**해설1** 이해관계자를 정의하라!

조직이 경영시스템을 수립하고 운영함에 있어 이해관계자들이 누구인지를 파악하라는 취지이다. 경영시스템을 구축하려는 조직에게 4.1항의 상황 파악과 함께 이해관계자를 정의하도록 요구하고 있는 것이다. 이해관계자는 고객 및 최종사용자, 조직 내의 인원, 소유자/투자자(조직에 대해서 특정한 이해를 가지고 있는 주주, 개인 또는 공공 부문을 포함한 집단), 공급자 및 파트너, 조직 또는 조직의 제품에 의해서 영향을 받는 공동체 및 공공관점에서의 사회 등이 될 수 있다.

**해설2** 이해관계자의 요구와 기대를 파악하라!

이해관계자의 '요구(needs)'와 '기대(expectation)'를 파악하는 것이 중요한 경영시스템 입력 요소이다. 이해관계자의 요구와 기대가 파악되면 이를 구체적인 '요구사항'으로 전환하여야 한다. 이는 '이해관계자 요구사항의 결정'으로 표현하고 있다. 조직과 제품에 관계되는 이해관계자의 요구와 기대는 적합성, 안전성, 신인성(신뢰성, 가용성, 유지보전성), 납기, 서비스, 가격, 라이프 사이클 비용, 제품책임(PL), 환경영향 감소, 개인정보보호, 사회에의 기여 등 다양한 측면이 있을 수 있다.

### 4.3 XXX 경영시스템의 적용범위 결정

조직은 적용범위를 규정하기 위하여 XXX 경영시스템의 경계와 적용성을 결정하여야 한다.
이 적용범위를 결정할 때, 조직은 다음을 고려하여야 한다.

- 4.1에 언급된 내부 및 외부 이슈
- 4.2에 언급된 요구사항

적용범위는 문서화된 정보로 이용 가능하여야 한다.

### 4.3 Determining the scope of the XXX management system

The organization shall determine the boundaries and applicability of the XXX management system to establish its scope.

When determining this scope, the organization shall consider:
— the external and internal issues referred to in 4.1;
— the requirements referred to in 4.2;

The scope shall be available as documented information.

#### 해설1 경영시스템의 적용범위

품질경영시스템에서는 적용범위를 단순히 제품과 서비스의 범위로 정하기 때문에 비교적 간단하다. 하지만 환경경영시스템의 경우에는 이에 더하여 사업장의 물리적 경계가 적용범위의 중요한 요소 중 하나가 된다. 따라서 경영시스템의 적용범위를 '경계(boundary)'와 '적용성(applicability)'[16] 두 가지 요소로 명시하고 있다.

---

[16] 'applicability'는 적용성, 적용 가능성, 적용 대상 등 여러 가지로 번역이 가능하나, 포괄적 용어인 적용성으로 번역하였다.

### 4.4 XXX 경영시스템

조직은 이 국제표준/ISO XXXX의 이 부/의 이 기술규격의 요구사항에 따라 필요한 프로세스와 그 상호작용을 포함하여, XXX 경영시스템을 수립, 실행, 유지 및 지속적으로 개선하여야 한다.

### 4.4 XXX management system

The organization shall establish, implement, maintain and continually improve an XXX management system, including the processes needed and their interactions, in accordance with the requirements of this International Standard/this part of ISO XXXX/this Technical Specification. The organization shall determine the boundaries and applicability of the XXX management system to establish its scope.

**해설1** 경영시스템의 수립, 실행, 유지 및 개선

이 조항은 법에 비유하면 제1장 총칙에 해당하는 조항이다. 이를 축약하면 '규정된 요구사항을 충족시키는 경영시스템의 수립, 실행, 유지 및 개선'이다. 기존의 여러 경영시스템 표준과는 달리 '문서화'에 대한 요구사항은 제외하고 있다.

**해설2** 유지(maintain)

경영환경은 내부적, 외부적 요인으로 인하여 변하게 마련이다. 조직은 이에 발맞추어 경영시스템을 주기적으로 검토하고, 필요한 경우에는 시스템을 변경하여야 한다. 시스템의 유

지는 시스템의 '주기적 검토(periodical review)' 및 '최신화(update)'를 의미한다.

---

**프로세스 접근방법의 일부 언급**

일반적인 프로세스 접근방법의 핵심은 다음 6가지이다. 이 조항에서는 경영시스템에 프로세스 접근방법을 적용하도록 요구하고 있으며, ①+②를 요구사항으로 정하고 있다.

① 경영시스템에 필요한 프로세스 파악
② 프로세스 순서 및 상호작용의 결정
③ 프로세스의 운영 및 관리에 필요한 기준과 방법의 결정
④ 프로세스의 운영 및 모니터링에 필요한 자원과 정보의 가용성 보장
⑤ 프로세스의 모니터링, 측정 및 분석
⑥ 프로세스에 대해 계획된 결과와 지속적 개선에 필요한 조치의 실행

**제5장**
# 리더십

## • 리더십 (Leadership)

### 5.1 리더십과 실행의지

최고경영자는 다음을 통해 XXX 경영시스템과 관련하여 리더십과 실행의지를 입증하여야 한다.
- XXX 방침과 XXX 목표가 수립되고 조직의 전략적 방향과 부합하는 것을 보장
- XXX 경영시스템 요구사항이 조직의 비즈니스 프로세스로의 통합을 보장
- XXX 경영시스템에 필요한 자원의 가용을 보장
- 효과적인 XXX 경영의 중요성과 XXX 경영시스템 요구사항 충족의 중요성에 대한 소통
- XXX 경영시스템이 그 의도된 결과를 달성하는 것을 보장

- XXX 경영시스템의 효과성에 기여할 사람을 지휘하고 지원
- 지속적인 개선을 촉진
- 담당 분야에서 리더십을 입증하기 위해 관련된 다른 관리 역할을 지원

**비고** 이 국제표준/ISO XXXX의 이 부/의 이 기술규격에서 '비즈니스'란 조직의 존재 목적에 중요한 활동이라고 포괄적으로 해석하여야 한다.

## 5.1 Leadership and commitment

Top management shall demonstrate leadership and commitment with respect to the XXX management system by:
- ensuring that the XXX policy and XXX objectives are established and are compatible with the strategic direction of the organization;
- ensuring the integration of the XXX management system requirements into the organization's business processes;
- ensuring that the resources needed for the XXX management system are available;
- communicating the importance of effective XXX management and of conforming to the XXX management system requirements;
- ensuring that the XXX management system achieves its intended outcome(s);
- directing and supporting persons to contribute to the effectiveness of the XXX management system;
- promoting continual improvement;
- supporting other relevant management roles to demonstrate their leadership as it applies to their areas of responsibility.

NOTE Reference to "business" in this International Standard/this

> part of ISO XXXX/this Technical Specification can be interpreted broadly to mean those activities that are core to the purposes of the organization's existence.

### 해설 리더십과 실행의지[17]

경영시스템 수립 및 운영에 있어 중요한 사항들에 대해 최고경영자가 앞장서고 있는지 이를 실천할 의지에 대한 증거를 보이라는 요구사항으로 이해할 수 있다.

본문에서 구체적으로 여러 가지 사항을 열거하고 있으나 중요한 사항만 추린다면, 전략과 정렬된 방침, 목표를 수립하고 경영시스템 프로세스를 구축하며 필요한 인적·물적 자원을 제공하라는 것이다.

### 5.2 방침

최고경영자는 다음과 같은 XXX 방침을 수립하여야 한다.
a) 조직의 목적에 적합
b) XXX 목표를 수립하기 위한 틀 제공

---

[17] 실행의지(commitment): '약속', '의지', '실천의지', '의지표명' 등의 여러 가지 용어를 검토하였다. 사전적 의미의 용어로는 '약속'이나, 의미 전달에 있어 약속하는 상대방이 있어야 하는 용어이므로 자주적 성격에서 사용하기에는 부적절하다. 따라서 직역에 해당하는 '약속' 대신 실행에 대한 의지를 강조하여 '실행의지'로 하였다.

c) 해당 요건을 충족할 수 있는 실행의지 포함

d) XXX 경영시스템의 지속적 개선에 관한 실행의지 포함

XXX 방침은 다음과 같아야 한다.

- 문서화된 정보로 이용 가능
- 조직 내에서 의사소통 가능
- 해당되는 경우 이해관계자들이 이용 가능

5.2 Policy

Top management shall establish a XXX policy that:

a) is appropriate to the purpose of the organization;

b) provides a framework for setting XXX objectives;

c) includes a commitment to satisfy applicable requirements;

d) includes a commitment to continual improvement of the XXX management system.

The XXX policy shall:

- be available as documented information;
- be communicated within the organization;
- be available to interested parties, as appropriate.

**해설1** 조직이 나아가야 할 방향을 제시하라!

방침[18]은 조직이 나아가야 할 방향을 제시하는 것이다. 방침은

---

[18] 방침(policy): 최고경영자에 의해 공식적으로 표명된 조직의 의도와 방향(intentions and direction of an organization, as formally expressed by its top management) [3.7]

마치 나침반과 같이 전 조직원들에게 "이리로 가자!"고 방향을 제시하는 것이므로 최고경영자의 의지가 반영되어야 한다. 또한, 방침에서 제시된 방향으로 나아가는지 확인하기 위해서는 이에 해당되는 목표를 수립하고 달성된 결과를 평가해야 하기 때문에, 방침이 '목표를 수립하기 위한 틀(framework)을 제공'한다고 표현하고 있다.

### 해설2  방침의 전달과 이해

전 종업원이 방침을 이해하고 실행하기 위해서는 방침에 대해 교육을 시키거나, 액자, 패널, 포스터 등으로 현시하여 전 종업원이 이를 항상 보고 기억할 수 있도록 할 필요가 있다. 그러나 '전달'보다 중요한 것은 '이해'이다. 직원들에게 방침을 암기하도록 할 필요는 없다. 중요한 것은 직원들이 방침을 이해하고 있는지의 여부이다. 이해한다는 것은 핵심 내용을 기억하고 있다는 것이므로, 핵심내용, 즉 키워드를 잊지 말아야 한다. 이런 측면에서 방침의 핵심내용을 기억하는 데 도형, 그림, 사진, 물건 등 시각적인 방법을 활용하는 방법이 있다. 여러 가지 방법을 사용하여 방침에 대한 직원들의 이해를 높일 것을 권장한다.

### 5.3 조직 역할, 책임 및 권한

최고경영자는 관련된 역할에 관한 책임과 권한이 부여되고 조직 내에 소통이 이루어짐을 보장하여야 한다.
최고경영자는 다음을 위한 책임과 권한을 부여하여야 한다.

a) XXX 경영시스템이 국제표준/ISO XXXX의 이 부/의 이 기술규격의 요구사항과 부합하는 것을 보장
b) 최고경영자에게 XXX 경영시스템의 성과에 관하여 보고

### 5.3 Organizational roles, responsibilities and authorities

Top management shall ensure that the responsibilities and authorities for relevant roles are assigned and communicated within the organization.

Top management shall assign the responsibility and authority for:

a) ensuring that the XXX management system conforms to the requirements of this International Standard/this part of ISO XXXX/this Technical Specification;

b) reporting on the performance of the XXX management system to top management.

---

**해설1** 누가 어떤 일을 하여야 하는지를 명확히 하라!

책임[19]과 권한[20]을 명확히 하는 것은 경영시스템 운영에 있어 필수불가결한 사항이다. 누가 어떤 일을 하여야 하는지를 세부적으로 명확히 정하지 않으면 경영시스템이 제대로 실행될 수 없다.

---

[19] 책임(responsibility): 업무, 역할 또는 법적 의무의 일부를 수행하기 위해 필요한 인원 또는 조직에 관한 것(a thing which a person or organization is required to do as part of a job, role or legal obligation)
[20] 권한(authority): 지휘를 할 수 있는 권리 또는 최종 결정을 할 수 있는 권리(right to command or give a final decision)

### 해설2 책임과 권한의 명문화

책임과 권한을 명문화하는 데는 여러 가지 방법이 있다. 일반적으로 책임과 권한을 문서화하는 방법은 '조직 및 업무분장 규정'이나 '직제규정'에는 '책임'에 대한 내용을 기술하고, '위임전결 규정'에는 '권한'에 관한 사항을 규정하고 있다. 아울러 매뉴얼에 관련된 책임과 권한을 명시하고, 각 경영시스템 문서에 세부적인 책임과 권한을 기술한다. 또한 '직무기술서(job description)', '부서 내 업무분장표' 등을 통하여 개인별 책임과 권한을 정할 수도 있다.

### 해설3 경영시스템 책임자

최고경영자는 챙겨야 할 일이 많다. 기획, 인사, 재무, 영업, 생산, 기술, 품질, 환경, 안전 등 신경 쓸 일이 한두 가지가 아니다. 그러므로 최고경영자는 본인을 대신하여 경영시스템에 관련된 업무를 담당하는 경영대리인(Management Representative, 이하 'MR'이라 함)을 지명하여 최고경영자 대신 챙기도록 하여야 한다. MR에게는 조직의 경영시스템이 관련 표준의 요구사항에 적합하도록 하는 임무와, 경영시스템 시행 결과를 최고경영자에게 보고하는 임무를 부여하여야 한다.

**제6장**

# 기획

## ● 기획 (Planning)[21]

### 6.1 리스크와 기회를 결정하기 위한 조치

XXX 경영시스템을 기획할 때 조직은 4.1항의 이슈와 4.2항의 요구사항을 고려하고, 대응할 필요가 있는 리스크와 기회를 다음을 위하여 결정하여야 한다.
- XXX 경영시스템은 의도된 결과를 달성할 수 있음을 보장
- 원치 않는 결과를 예방하거나 완화시킴
- 지속적 개선을 달성

조직은 다음을 계획하여야 한다.

---

[21] planning을 '기획'이라 한 이유는 '계획'으로 번역하면 planning 행위의 결과물인 plan과 구분이 되지 않기 때문이다. plan은 '계획서'로 하고, plan을 만드는 일인 planning은 '기획'이라 하였다.

a) 이러한 기회와 리스크에 대처하기 위한 조치
b) 방법
– XXX 경영시스템 프로세스 내에 위의 조치를 통합하여 실행
– 이들 조치의 효과성을 평가

### 6.1 Actions to address risks and opportunities

When planning for the XXX management system, the organization shall consider the issues referred to in 4.1 and the requirements referred to in 4.2 and determine the risks and opportunities that need to be addressed to:
– give assurance that the XXX management system can achieve its intended outcome(s);
– prevent, or reduce, undesired effects;
– achieve continual improvement.

The organization shall plan:
a) actions to address these risks and opportunities;
b) how to:
– integrate and implement the actions into its XXX management system processes;
– evaluate the effectiveness of these actions.

---

**해설1** 경영시스템에 '리스크' 개념 도입

경영시스템 표준에 익숙한 독자들은 갑자기 '리스크'란 용어가 나온 것에 대해 매우 의아하게 생각할 것이다. ISO 9001 품질

경영시스템 국제표준의 요구사항 조항에는 없고, 단지 개요 첫 문장 '조직의 품질경영시스템 설계 및 실행은 조직 환경과 조직 환경의 변화, 그리고 조직 환경과 연관된 리스크에 영향을 받는다'에서 단 한 번 언급된 것이 전부였기 때문이다.[22] 품질이나 환경 분야에서는 갑자기 경영시스템에 리스크란 주제가 접목되는 것이기 때문에 이에 따른 대처 과정에서 '어느 범위와 수준으로 리스크 관리를 하여야 하는가'에 대한 논란이 불가피할 것이다.

### 해설2 리스크가 추가된 이유

그렇다면 경영시스템에 리스크가 포함된 이유는 무엇일까? 한마디로 예방조치와 관련이 있다. 경영시스템을 설계하거나 운영해 본 경험이 있는 독자들은 예방조치 요구사항에 대해 많은 고심을 하였을 것이다. '시정조치와 예방조치의 차이는 무엇인가', '예방조치를 위해 잠재 부적합과 원인을 찾으라고 하는데 어떻게 찾아야 하나', '예방조치 대상이 없으면 안 해도 되나' 등 여러 가지일 것이다.

그동안 논란거리 중 하나였던 예방조치에 대한 방향을 명확히 제시한 것이 '리스크 관리'이다. 이 조항에 리스크가 추가됨으로써 개선 조항에서 예방조치 요구사항은 삭제되었다. 경영시스템 내에서 리스크 관리를 하는 것을 예방조치로 이해하면 될 것이다. 분야별로 리스크의 심각성(severity)이 다르기 때문에 각 분야별 경영시스템 표준에서 리스크 관리의 범위와 깊이를 구체적으로 제시할 것으로 보인다.

---

[22] HLS가 반영되어 개정된 국제표준, 예를 들면 ISO 27001:2013 정보보호 경영시스템에는 '정보보호 리스크'에 관한 내용이 포함되어 있다.

**해설3** 리스크 관리 국제표준

리스크 관리에 관한 국제표준 3종이 제정되어 있다. 리스크 관리에 대한 원칙, 프레임워크 및 프로세스(리스크 파악, 분석, 평가, 처리 등)에 대해서는 ISO 31000, 리스크 관리 기법에 대해서는 ISO/IEC 31010을 참조하기 바란다.[23]

- ISO 31000:2009, Risk management-Principles and guidelines
- ISO/IEC 31010:2009, Risk management-Risk assessment techniques
- ISO/TR 31004:2013, Risk management-Guidance for the implementation of ISO 31000

위의 표준 이외에도 산업 분야별로 리스크 관리에 관한 표준이 제정되어 있으므로 이를 참조할 것을 권장한다. 이들 산업 분야별 리스크 관리 표준은 ISO 31000보다 상세한 내용을 담고 있다.

- ISO/IEC 27005:2011, Information technology-Security techniques-Information security risk management
- ISO 17776:2000 Petroleum and natural gas industries-Offshore production installation-Guidelines on tools and techniques for hazard identification and risk assessment
- ISO 14971:2007 Medical devices-Application of risk management to medical devices

### 6.2 XXX 목표 및 달성을 위한 기획

조직은 관련된 기능과 계층에서 XXX 목표를 수립하여야 한다.
XXX 목표는 다음과 같아야 한다.

---

[23] ISO 31000 시리즈 국제표준은 아직 한국산업표준(KS)으로 채택되지 않고 있다.

a) XXX 방침과 일치

b) 측정 가능(할 수 있다면)

c) 적용 가능한 요구사항 고려

d) 모니터링됨

e) 의사소통됨

f) 상황에 맞게 최신화됨

조직은 XXX 목표에 관한 문서화된 정보를 보존하여야 한다.

XXX 목표 달성 방안을 기획할 때, 다음을 결정하여야 한다.

– 무엇을 할 것인가

– 어떤 자원이 필요한가

– 누가 책임질 것인가

– 언제 완료될 것인가

– 결과는 어떻게 평가될 것인가


### 6.2 XXX objectives and planning to achieve them

The organization shall establish XXX objectives at relevant functions and levels.

The XXX objectives shall:

a) be consistent with the XXX policy;

b) be measurable(if practicable);

c) take into account applicable requirements;

d) be monitored;

e) be communicated;

f) be updated as appropriate.

The organization shall retain documented information on the

> XXX objectives. When planning how to achieve its XXX objectives, the organization shall determine:
> - what will be done;
> - what resources will be required;
> - who will be responsible;
> - when it will be completed;
> - how the results will be evaluated.

### 해설1 방침을 달성하기 위한 목표[24]

방침만으로 경영을 한다면 실천방법이 없는 공약에 그칠 수 있다. 좋은 문구나 표어를 만들어 붙이고, 행사를 열어 구호를 외치는 방식의 활동을 많이 보아 왔다. 이러한 방식은 인식제고에는 도움이 되지만 방침이 달성된다는 보장은 없다. 모든 일은 구체적인 목표를 세워 추진하여야 성과가 있는 것이다.

따라서 방침을 달성하기 위한 구체적인 목표를 세우고, 추진계획을 수립하여 운영해 나가야 한다는 것이 이 조항의 취지이다.

### 해설2 기능별 및 계층별 목표 수립

이 요구사항을 요약하면 '목표를 기능별 및 계층별로 수립'하라는 것이다. 자칫 기능별로 수립하거나 또는(or) 계층별로 수

---

[24] 목표(objective): 달성되어야 할 결과 (result to be achieved) [Annex SL Appendix 2 / 3.08]

립하라는 것으로 해석하기 쉽다. 그러나 기능과 계층이 '및 (and)'으로 연결되어 있다는 것에 유의하여야 한다. 즉, 기능별로 목표가 수립되고 또한 계층별로도 전개되어야 한다.

### 해설3 측정 가능한 목표 수립

'측정 가능한(measurable)' 목표를 수립하라는 의미는 목표를 수립하되 정성적 목표가 아니라 정량적 목표를 수립하여야 한다는 뜻이다. 목표는 %, ppm, 시간, 횟수, 개수 등 측정이 가능한 정량적 용어로 표현되어야 한다. 정량적 표현이 안 될 경우에도 측정이 가능하도록 등급(grade), 수준(level) 등으로 설정하여야 한다. 측정할 수 없다면 달성 여부를 확인할 수 없으므로 목표로써 의미가 없다. 측정이 불가능한 목표는 잘 되면 다행이지만 안 되어도 목표 달성 여부를 알 수가 없기 때문이다.

# 제7장
# 지원

## 지원 (Support)

### 7.1 자원
조직은 XXX 경영시스템의 수립, 실행, 유지 및 지속적 개선을 위하여 필요한 자원을 결정하고 제공하여야 한다.

### 7.1 Resources
The organization shall determine and provide the resources needed for the establishment, implementation, maintenance and continual improvement of the XXX management system.

> 해설   **필요한 자원의 파악**

조직은 목표 달성에 필요한 자원(resource)이 무엇인지 파악하고, 이들 자원을 확보하거나 이용이 가능하도록 하여야 한다. 여기서 자원이라 함은 단순히 인적자원만을 의미하는 것이 아니라 경영시스템의 수립, 실행, 유지 및 지속적 개선을 위한 자원으로 명시하고 있다. 따라서 자원은 사람, 기반구조, 정보, 천연자원, 재정자원 등을 망라하는 것이다.

필요한 자원을 파악하고 적정한 자원을 확보하여 제공하기 위해서는 '인적자원', '유형자원', '무형자원'의 세 가지 카테고리로 나누어 고려하여야 할 것이다.

- 인적자원: 설계 및 개발 인원, 생산 인원, 검사 및 시험 인원, 특별 업무 인원 등
- 유형자원: R&D 장비·시설, 생산 및 설치 장비·시설, 검사 및 시험 장비·시설, 물류 장비·시설, 전산 장비·시설 등
- 무형자원: 지식, 기술, 정보, 특허, 소프트웨어 등

## 7.2 적격성

조직은 다음을 하여야 한다.
- 조직의 통제 하에서 XXX 성과에 영향을 미치는 업무를 수행하는 인원의 필요한 적격성을 결정
- 적절한 학력, 교육훈련 및 경험을 근거로 이러한 사람들이 적격함을 보장
- 해당되는 경우 필요한 적격성을 획득하기 위한 조치를 취

하고, 그 조치의 효과성을 평가
- 적격성에 관한 증거로 적절한 문서화된 정보를 보존하여야 한다.

**비고**   적용되는 조치에는 예를 들어 현재 고용된 인원의 교육훈련 제공, 멘토링, 재배치 또는 적격한 인원의 고용 및 계약이 포함될 수 있다.

## 7.2 Competence

The organization shall:
- determine the necessary competence of person(s) doing work under its control that affects its XXX performance;
- ensure that these persons are competent on the basis of appropriate education, training, or experience;
- where applicable, take actions to acquire the necessary competence, and evaluate the effectiveness of the actions taken;
- retain appropriate documented information as evidence of competence.

**NOTE** Applicable actions can include, for example, the provision of training to, the mentoring of, or the reassignment of currently employed persons; or the hiring or contracting of competent persons.

**해설1** **적격성**(competence)

'적격성'[25]이란 용어가 생소할 수 있지만, 간단히 말해 '직무 수행 능력'이라 할 수 있다. 직무를 수행하는 데 필요한 능력을 총칭하는 개념이다. 적격성에 대한 관리를 일컬어 '역량관리(competence management)'라고 표현하기도 한다. 적격성에 대한 기준은 '학력, 교육훈련 및 경험'에 근거하도록 명시되어 있다. 이는 최소한의 요구사항이며, 여기에 더하여 숙련도, 공인자격 보유, 신체적 능력, 어학능력 등 조직의 특성에 따라 다른 추가 항목을 고려하여야 할 것이다.

**해설2** **교육훈련**(training)

'교육훈련'은 쉽고도 어려운 일이다. 어려운 이유는 '무엇을 교육시킬 것인가?'를 결정하는 것이 쉽지 않기 때문이다. '교육훈련 필요성 분석(TNA, training needs analysis)'이라 부르기도 한다. 교육훈련 필요성을 체계적으로 파악하기 위해서는 '적격성 기준'이 있어야 한다. 교육훈련의 목적이 '적격성을 향상시키는 지식 및 숙련도를 제공'하기 위한 것이기 때문이다. 적격성에 대한 기준 없이 필요성을 파악한다는 것은 피상적이거나 주관적인 결과를 낳을 수 있다. 교육훈련 계획을 수립할 때 교육훈련 필요성에 대해 파악한 결과를 반영하여야 하며, 교육훈련 목표, 교육훈련 프로그램 및 방법, 교육훈련에 필요한 자원(강사, 교재 및 교안, 교육훈련 시설 및 장비), 교육훈련 효과성 평가 방법 등을 포함하여야 할 것이다.

---

[25] 적격성(competence): 의도한 결과를 달성하는 데 지식과 기량을 적용하는 능력 (ability to apply knowledge and skills to achieve intended results) [Annex SL Appendix 2 / 3.10]

해설3 **보장**(ensure)

부속서 SL 부록 2에는 '~을 보장하여야 한다', '~을 보장하기 위하여' 등의 표현이 여러 군데 나온다. 이는 두 가지 경우로 나누어 생각해 볼 수 있다. 표준에서 '보장'이라는 단어를 '실행하여야 하는 요구사항'을 표현하는 데 사용한 경우와 '목적'을 표현하는 데 사용한 경우이다. 보장이라는 단어가 '실행하여야 하는 요구사항'을 표현하는 데 사용된 조항은 7.2, 7.5.2, 8.1 세 곳이며, '목적'을 표현하는 데 사용된 경우는 5.3, 7.5.3, 9.1, 9.2.2, 9.3 다섯 곳이다.

'보장하여야 한다'고 명시한 경우, 보장하는 방법으로 ①프로세스를 수립하고 실행한다, ②기준 및(또는) 방법을 정한다, ③문서화한다, ④검토, 검증, 실현성을 확인한다, ⑤모니터링 및 (또는) 측정을 실시한다, ⑥교육을 실시한다, ⑦책임 및 권한을 명확히 정한다 중 하나 이상의 조합으로 수행하는 것을 고려하여야 할 것이다. 보장하는 방법은 매우 다양할 수 있으므로, 그 방법은 '조직의 선택'에 달려있다.

### 7.3 인식

조직의 통제 하에서 업무를 하는 인원은 다음을 인식하여야 한다.
- XXX 방침
- 개선된 XXX 성과의 혜택·이점을 포함하여 XXX 경영시스템의 효과성에 관한 그들의 기여
- XXX 경영시스템 요구사항에 부합하지 않을 경우의 영향

> ### 7.3 Awareness
>
> Persons doing work under the organization's control shall be aware of:
> - the XXX policy;
> - their contribution to the effectiveness of the XXX management system, including the benefits of improved XXX performance;
> - the implications of not conforming with the XXX management system requirements.

**해설** 직원이 알아야 할 사항

직원들이 경영 방침은 물론 경영시스템에 자신이 어떻게 기여하고 있는지와 경영시스템이 잘못될 경우 어떤 영향이 있는지에 대하여 알고 있어야 한다는 요구사항이다.

매우 간단히 명시하고 있으나, 각 분야별 표준에서는 보다 상세히 규정될 것으로 판단된다.

> ### 7.4 의사소통
>
> 조직은 다음을 포함한 XXX 경영시스템과 관련된 내부 및 외부의 의사소통을 결정하여야 한다.
> - 무엇에 대하여 의사소통할 것인가
> - 언제 의사소통할 것인가

- 누구와 의사소통할 것인가
- 어떻게 의사소통할 것인가

### 7.4 Communication

The organization shall determine the internal and external communications relevant to the XXX management system, including:
- on what it will communicate;
- when to communicate;
- with whom to communicate;
- how to communicate.

---

**해설1** 이해관계자와의 의사소통 방법

조직이 의사소통을 할 대상, 의사소통 시기, 의사소통 범위, 의사소통 방법 등을 결정하고 실행하라는 요구사항이다. 소통하여야 할 이해관계자가 내부와 외부 모두를 포함하고 있다는 점에 유의하여야 한다.

의사소통 내용에 대해서도 명확히 제시하지 않고, 누구와 무엇을 소통할 것인지를 조직이 결정하도록 규정하고 있다. 따라서 품질경영시스템에서는 '고객'과의 의사소통이 중요하게 고려되어야 할 것이며, 환경경영시스템에서는 법규준수 의무가 있으므로 '규제당국' 및 '지역사회'와의 의사소통의 비중이 크게 고려되어야 할 것이다.

## 7.5 문서화된 정보

### 7.5.1 일반사항

조직의 XXX 경영시스템은 다음을 포함하여야 한다.
- 이 국제표준/ISO XXXX의 이 부/의 이 기술규격에서 요구하는 문서화된 정보
- 조직이 XXX 경영시스템 효과성을 위하여 반드시 필요하다고 결정한 문서화된 정보

**비고** XXX 경영시스템에 관한 문서화된 정보의 규모는 다음과 같은 이유로 조직마다 다를 수 있다.
- 조직의 규모 및 활동, 프로세스, 제품 및 서비스의 유형
- 프로세스의 복잡성 및 그들의 상호작용
- 인원의 적격성

## 7.5 Documented information

### 7.5.1 General

The organization's XXX management system shall include:

a) documented information required by this International Standard/this part of ISO XXXX/this Technical Specification;

b) documented information determined by the organization as being necessary for the effectiveness of the XXX management system.

**NOTE** The extent of documented information for a XXX management system can differ from one organization to another due to:
- the size of organization and its type of activities, processes, products and services;

- the complexity of processes and their interactions;
- the competence of persons.

### 7.5.2 작성 및 업데이트

문서화된 정보를 작성 및 업데이트할 때 조직은 다음을 보장하여야 한다.
- 적절한 식별 및 설명(예: 제목, 일자, 저자, 또는 참조번호)
- 형식(예: 언어, 소프트웨어 버전, 그래픽) 및 매체(예: 종이, 전자)
- 적합성 및 충족성에 관한 검토 및 승인

### 7.5.2 Creating and updating

When creating and updating documented information the organization shall ensure appropriate:
- identification and description(e.g. a title, date, author, or reference number);
- format(e.g. language, software version, graphics) and media(e.g. paper, electronic);
- review and approval for suitability and adequacy.

### 7.5.3 문서화된 정보의 통제

XXX 경영시스템 및 이 국제표준/ISO XXXX의 이 부/의 이 기술규격에서 요구하는 문서화된 정보는 다음을 보장하도록 통제되어야 한다.
a) 필요한 곳에서, 필요한 시기에 이용 가능하고 사용하기에 적합
b) 적절하게 보호(예: 기밀성 손실, 부적절한 이용, 또는 무결성 손실로부터)

문서화된 정보의 통제 관리를 위하여 조직은 해당되는 다음의 활동을 다루어야 한다.
- 배포, 접근, 검색 및 이용
- 보관 및 보존(가독성의 보존 포함)
- 변경 관리(예: 버전 관리)
- 보존 및 폐기

조직이 XXX 경영시스템의 계획과 운영에 필요하다고 결정한 외부 출처의 문서화된 정보를 적절하게 파악하고 통제하여야 한다.

**비고** 접근은 오직 문서화된 정보의 열람을 위한 승인, 또는 문서화된 정보의 열람 및 변경을 위한 승인과 권한에 관한 결정을 의미할 수 있다.

### 7.5.3 Control of documented information

Documented information required by the XXX management system and by this International Standard/this part of ISO XXXX/this Technical Specification shall be controlled to ensure:

a) it is available and suitable for use, where and when it is needed;

b) it is adequately protected(e.g. from loss of confidentiality, improper use, or loss of integrity).

For the control of documented information, the organization shall address the following activities, as applicable:

- distribution, access, retrieval and use;
- storage and preservation, including preservation of legibility;
- control of changes(e.g. version control);
- retention and disposition.

> Documented information of external origin determined by the organization to be necessary for the planning and operation of the XXX management system shall be identified, as appropriate, and controlled.
> NOTE Access can imply a decision regarding the permission to view the documented information only, or the permission and authority to view and change the documented information.

### 해설1 문서화된 정보 = 문서 + 기록

전통적으로 사용하여 온 용어인 '문서'와 '기록'이 '문서화된 정보(documented information)'로 단일화되었다. 요즘은 데이터, 문서화 및 기록을 전자적으로 처리하기 때문에 이러한 시대를 반영하여 신규 용어로 '문서화된 정보'가 만들어졌다. 문서화된 정보는 이전 문서화(documentation), 문서(document), 문서화된 절차(documented procedure) 및 기록(record)의 개념을 포함한다.[26]

---

[26] p.176 〈부록 1〉 FAQ 13 참조

용어상으로는 문서와 기록을 인위적으로 구분할 필요가 없어졌다. 또한 '문서관리 절차'와 '기록관리 절차'에 대한 요구사항도 없다. 하지만 문서와 기록을 구분하여 관리하고 있는 조직은 굳이 새로운 용어에 따라 관리 방법을 통합하려고 시도하기보다는 새로운 용어를 만든 취지를 고려하여 '전자매체로 관리하는 정보'에 보다 관심을 두어야 할 것이다.

### 해설2 절차에 대한 언급이 없다

HLS에서는 '무엇이 되어야 한다(what has to be done)'는 방식으로 요구사항이 기술되어 있으며, '절차(procedure)'에 대한 요구사항이 없다. 본문의 문장을 유심히 살펴보면 조직이나 경영자가 '~을 결정하여야 한다', '~을 수립하여야 한다', '~을 입증하여야 한다', '~을 보장하여야 한다', '~을 관리하여야 한다' 등으로 기술하고 있다.

'~을 위한 절차를 수립하여야 한다', '~을 위한 절차를 문서화하여야 한다' 등의 방식으로는 기술되어 있지 않다. 여기서 유의할 사항이 있다. HLS의 절차에 대한 요구사항이 없다고 해서 모든 경영시스템 표준에서 절차에 대한 요구사항이 없어진다는 것은 아니다. 분야별 경영시스템 표준에서는 절차에 대한 요구사항이 명시될 것이다.

### 해설3 매뉴얼에 대한 요구사항이 없다

ISO 9001:2008에서는 '품질매뉴얼'을 요구하였으나, HLS에서는 매뉴얼에 대한 요구사항이 없다. 따라서 경영시스템 표준은 'XXX 매뉴얼'에 대한 요구사항이 이미 없어졌거나 앞으로 없어질 것이다.

### 해설4 '문서화된 정보' 요구사항

문서화된 정보에 대한 요구사항이 HLS에는 12가지로 규정되어 있다.

1. 경영시스템 범위
2. 방침
3. 목표
4. 적격성 증거
5. 경영시스템의 기획 및 운영을 위하여 필요한 외부 출처의 문서화된 정보
6. 프로세스가 계획대로 실행됨을 보장하는 문서화된 정보
7. 모니터링, 측정, 분석 및 평가 결과
8. 내부심사 프로그램 실행의 증거
9. 내부심사 결과
10. 경영검토 결과
11. 부적합과 그 조치의 내용
12. 시정조치 결과

외견상으로는 요구사항이 많지 않아 보인다.
ISO 9001의 경우, 필수적으로 유지하여야 할 기록(record)은 20종이었으며,[27] 조직이 관리하여야 하는 문서(document)가

---

[27] 1.경영검토 기록, 2.학력, 교육훈련, 기술 및 경험에 대한 기록, 3.제품실현 프로세스 및 제품 결과가 요구사항을 만족시키는 증거를 제공하기 위해 필요한 기록, 4.제품과 활동에 관한 요구사항의 검토 결과, 5.설계 및 개발 입력, 6.설계 및 개발 검토 및 조치의 결과, 7.설계 및 개발 검증 및 조치의 결과, 8.설계 및 개발 실현성 확인 및 조치의 결과, 9.설계 및 개발 변경 및 조치의 결과, 10.공급자의 평가 및 평가결과 발생하는 조치결과, 11.프로세스의 실현성 확인 결과의 기록, 12.추적성이 요구사항일 경우 제품의 식별 기록, 13.고객재산 분실, 손상 또는 사용에 부적절함이 발견된 기록, 14.모니터링 장비 및 측정 장비의 교정·검증에 사용된 표준에 관한 기록, 15.모니터링 장비 및 측정 장비의 교정결과 기록, 16.내부심사 결과 기록, 17.합격 기준에의 적합성 증거와 제품 출하 권한 표시 기록, 18.부적합 상태와 특채를 포함하는 후속조치 기록, 19.시정조치 결과 기록, 20.예방조치 결과 기록

9종 이상이었다.[28] HLS에서 요구하는 문서화된 정보는 ISO 9001보다 훨씬 적어 보인다. 하지만 단순히 HLS에서 요구하는 '문서화된 정보'의 수와 ISO 9001에서 요구하는 '문서'와 '기록'의 수를 비교하는 것은 의미가 없다. ISO 9001에서는 제품실현 조항에서 많은 기록을 요구하였으나, HLS에서는 '8. 운영(operation)' 조항에 세부 조항이 없기 때문에 숫자가 적을 뿐, 다른 조항에서 요구하는 것은 거의 비슷하다고 보는 것이 적절한 분석일 것이다.

---

[28] 품질방침 및 품질목표, 품질매뉴얼, 문서화된 절차 6종(4.2.3 문서관리, 4.2.4 기록관리, 8.2.2 내부심사, 8.3 부적합 제품의 관리, 8.5.2 시정조치, 8.5.3 예방조치), 프로세스의 효과적인 운영과 관리를 위하여 조직에서 요구되는 문서

# 제8장
# 운영

● 운영 (Operation)

### 8.1 운영 기획 및 관리

조직은 다음을 통해 요구사항 충족과 6.1에서 결정한 조치의 실행에 필요한 프로세스를 계획하고 실행하고 관리하여야 한다.
- 프로세스의 기준 수립
- 기준에 따른 프로세스의 관리 실행
- 프로세스들이 계획대로 수행되었음을 확인할 수 있는 문서화된 정보 보존

조직은 계획된 변경을 관리하고, 의도하지 않은 변경으로 인한 결과를 검토하여, 필요 시 부정적 영향을 완화하기 위한 조치를 취하여야 한다.

조직은 위탁된 프로세스가 관리됨을 보장하여야 한다.

### 8.1 Operational planning and control

The organization shall plan, implement and control the processes needed to meet requirements, and to implement the actions determined in 6.1, by:
- establishing criteria for the processes;
- implementing control of the processes in accordance with the criteria;
- keeping documented information to the extent necessary to have confidence that the processes have been carried out as planned.

The organization shall control planned changes and review the consequences of unintended changes, taking action to mitigate any adverse effects, as necessary.

The organization shall ensure that outsourced processes are controlled.

**해설1** 운영 프로세스의 기획, 실행 및 관리

4.4 조항에 이미 프로세스에 대한 파악 및 결정을 하라는 요구사항이 있다. 이 조항은 운영 프로세스를 관리하기 위한 기준을 수립하고, 이 기준에 의거하여 프로세스를 관리하며 프로세스 관리에 대한 증거를 유지하라는 요구사항이다. 여기서 '운영 기획'이란 어떻게 고객의 요구사항을 파악하고, 이를 충족시키기 위하여 어떻게 제품을 설계·개발하고 생산·공급할 것인지, 어떻게 그 프로세스 및 결과를 모니터링·측정할 것인지를 계획하는 것을 말한다.

> 해설2  **변경관리**(change control)

변경관리를 하라고 하면 어떤 변경을 관리하여야 하는지 관리 대상을 명확히 하여야 한다. 하지만 이 조항에서는 '계획된 변경'이라고만 명시하고 있어 해석상 논란이 있을 수 있다. 변경이 '운영 프로세스의 변경'을 말하는 것인지, 아니면 '경영시스템의 변경'을 포함하는 것인지 명확하지 않다. '경영시스템의 변경'은 다른 조항(9.3 경영검토)에서 다루고 있고, 이 요구사항의 위치로 판단할 때 '운영 프로세스의 변경'으로 해석하는 것이 타당할 것이다. 제조업의 경우 운영 프로세스의 변경은 다음과 같은 변경을 모두 포함하는 개념으로 이해하여야 할 것이다.

- 고객 요구사항의 변경
- 설계 및 개발의 변경
- 위탁의 변경(예: 외주 요구사항 변경)
- 생산 및 서비스 제공의 변경(예: 생산조건/4M 변경)[29]

변경을 관리하기 위해서는 변경관리 프로세스를 수립하여야 할 것이다. 이 프로세스에는 변경의 내용 검토, 변경에 따른 영향 파악 및 검토, 변경에 따른 조치방법 결정, 변경에 대한 승인, 문서화된 정보의 업데이트 및 전달, 변경 실행 및 확인 등이 포함되어야 할 것이다. 이러한 변경에 대한 관리를 체계적으로 빈틈없이 수행하기 위해서는 제품의 구성, 즉 컨피규레이션(configuration)[30]이 명확히 정해져 있어야 가능할 것이

---

[29] 생산 및 서비스 제공 프로세스를 관리하기 위한 네 가지 요소(Man, Machine, Material, Method)를 말한다.
[30] 컨피규레이션 관리(configuration management)에 관한 내용은 ISO 10007:2003(Guidelines for Configuration Management) 참조

다. 그러므로 기술적인 변경을 관리하기 위해서는 컨피규레이션 관리에 대한 이해가 필요할 경우가 있다.

### 해설3 외주처리된 프로세스 관리

프로세스의 일부를 '외부 공급자(external provider)'에게 외주처리하는 경우가 많다. 모든 프로세스를 직접 수행하는 조직은 많지 않다. 제조업의 경우 모든 자재나 부품을 자체적으로 만들어 제품을 생산하거나 모든 프로세스를 조직 자체적으로 수행하지는 않을 것이다. 시대적 흐름은 외부 조직에게 외주처리(outsourcing)를 확대하는 추세이다. 그래서 외부 공급자의 중요성이 더욱 높아지고 있는 것이다. 외주처리된 프로세스에 대해서도 조직이 책임져야 하는 것은 당연한 일이다. 따라서 외주처리된 프로세스(outsourced process)에 대해서도 관리를 하라는 요구사항이다.

### 해설4 각 분야별 표준에서 내용이 추가된다

'8. 운영 기획 및 관리' 조항은 각 분야별 표준에서는 매우 달라질 것이다. 8.1 조항에 더하여 여러 가지 내용이 추가된다. 추가되는 내용은 다음과 같다.

① ISO 9001 품질경영시스템(QMS)

'영업→설계·개발→구매→생산→공급→서비스'와 같이 일련의 비즈니스 프로세스의 순서에 따른 내용과 관련된 것이 추가된다.
- 제품 및 서비스 요구사항의 결정(Determination of requirements for products and services)
- 제품 및 서비스 설계와 개발(Design and development

of products and services)
- 외부 공급 제품 및 서비스의 관리(Control of externally provided products and services)
- 제품 및 서비스 제공(Production and service provision)
- 제품 및 서비스 공급(Release of products and services)
- 부적합 프로세스 결과, 제품 및 서비스의 처리 (Control of nonconforming process outputs, products and services)

② ISO 14001 환경경영시스템(EMS)

다음과 같이 환경 측면에 특화된 내용이 추가된다.
- 중요한 환경 측면(Significant environmental aspects)
- 준수의무(Compliance obligations)
- 비상사태 대비 및 대응(Emergency preparedness and response)

③ ISO/IEC 27001 정보보호경영시스템(ISMS)

정보보호 분야에서는 이 조항이 매우 간단하다. 핵심 본문인 '운영 기획 및 관리' 이외에 '정보보호 리스크 평가'와 '정보보호 리스크 처리' 단지 두 개의 조항만이 추가되었을 뿐이다.[31]
- 8.2 Information security risk assessment(정보보호 리스크 평가)
- 8.3 Information security risk treatment(정보보호 리스크 처리)

---

**31** ISO/IEC 27001:2013 참조

**프로세스 접근방법의 일부 언급**

4.4 조항에서 기술한 바와 같이, 일반적인 프로세스 접근방법의 핵심은 다음의 6가지이다. 이 조항에서도 경영시스템에 프로세스 접근방법을 적용하도록 요구하고 있다. 이 조항에서는 ③을 요구사항으로 정하고 있다.
① 경영시스템에 필요한 프로세스 파악
② 프로세스 순서 및 상호작용의 결정
③ 프로세스의 운영 및 관리에 필요한 기준 및 방법의 결정
④ 프로세스의 운영 및 모니터링에 필요한 자원 및 정보의 가용성 보장
⑤ 프로세스의 모니터링, 측정 및 분석
⑥ 프로세스에 대한 계획된 결과와 지속적 개선에 필요한 조치의 실행

# 제9장
# 성과 평가

- **성과 평가** (Performance evaluation)

### 9.1 모니터링, 측정, 분석 및 평가

조직은 다음을 결정하여야 한다.
- 모니터링 및 측정이 필요한 것
- 적용 가능한 경우 타당한 결과를 보장하기 위한 모니터링, 측정, 분석 및 평가 방법
- 모니터링 및 측정이 수행되어야 하는 때
- 모니터링 및 측정의 결과가 분석되고 평가되어야 하는 때

조직은 결과의 증거로 적절히 문서화된 정보를 보존하여야 한다. 조직은 XXX 경영시스템의 XXX 성과 및 효과성을 평가하여야 한다.

> 9.1 Monitoring, measurement, analysis and evaluation
>
> The organization shall determine:
> - what needs to be monitored and measured;
> - the methods for monitoring, measurement, analysis and evaluation, as applicable, to ensure valid results;
> - when the monitoring and measuring shall be performed;
> - when the results from monitoring and measurement shall be analysed and evaluated.
>
> The organization shall retain appropriate documented information as evidence of the results.
>
> The organization shall evaluate the XXX performance and the effectiveness of the XXX management system.

### 해설1 　모니터링·측정·분석·평가의 대상, 방법 및 시기

조직은 모니터링·측정·분석·평가의 대상, 방법, 시기를 결정하라는 포괄적인 요구사항이다. 무엇을, 언제, 어떻게 모니터링·측정할 것인지를 제시하지 않고 조직에서 결정하도록 규정하고 있다. 분야별로 모니터링·측정 대상이 다르기 때문에 구체적으로 명시하지 않고 조직이 결정하도록 한 것이다.

- 품질 분야에서는 모니터링·측정 대상으로 고객 인식,[32] 제

---

[32] 고객 인식의 모니터링에는 고객만족 조사, 인도된 제품 품질에 대한 고객의 데이터, 사용자 의견조사, 사업 손실 분석, 칭찬의 말, 보증 클레임, 판매업자 보고서와 같은 출처로부터 획득한 입력사항을 포함할 수 있다. [ISO 9001:2008/8.2.1 비고3]

품, 프로세스, 경영시스템 등이 포함된다.
- 환경 분야에서는 모니터링·측정 대상으로 이해관계자, 부산물(by-product), 프로세스, 경영시스템 등이 포함된다.

### 해설2 성과지표

경영시스템 프로세스가 제대로 실행되기 위해서는 프로세스의 성과를 모니터링하거나 측정하고, 목표 대비 달성도를 평가하여 필요한 조치를 취하여야 한다. 이를 위해서는 성과를 모니터링하고 측정하는 항목을 결정하는 것이 필요하다. 이러한 관리 대상으로 정한 항목을 일반적으로 '성과지표(performance indicator)'라고 한다.

성과지표에 대해 Metric, 측정지표, 관리항목 등 다른 여러 가지 용어가 사용되고 있다. 성과지표 중에서 중점적으로 관리하는 핵심적인 성과지표만을 일컬어 핵심성과지표(KPI, Key Performance Indicator)라 부르기도 한다. 조직 내부적으로 통일된 용어를 사용하여 혼란을 주지 않아야 할 것이다.

### 해설3 '모니터링'과 '측정'

그동안 경영시스템 표준에서 '모니터링(monitoring)'과 '측정(measurement)'이라는 용어를 사용하여 왔으나, 모니터링과 측정에 대한 용어의 정의가 없었다. 따라서 사전적 의미로 해석할 수밖에 없다. 모니터링은 '어떻게 진전되는지를 보고 필요한 변경을 할 수 있도록, 일정기간 동안 사물을 관찰 및 점검하는 것(to watch and check something over a period of time in order to see how it develops, so that you can make any necessary changes)'으로, '측정'은 '양적인 값을 결정하는 것(to determine the value of a quantity)'으로 해석하여 왔다. 그럼에도 불구하고 두 용어의 정확한 의미에 대해 논란이 있어 왔다. 그래서 HLS에서 모니터링과 측정에 대한 용어의 정의를 포함시켰다.(제3장 3.15 및 3.16 참조)

- 모니터링: 시스템, 프로세스 또는 활동의 상태를 결정하는 것
- 측정: 값을 결정하기 위한 프로세스

### 9.2 내부심사
9.2.1 조직은 XXX 경영시스템에 대해 다음과 같은 정보를 파악할 수 있도록 계획된 주기로 내부심사를 실시하여야 한다.

a) 다음 사항에 적합한지의 여부
  − XXX 경영시스템에 대한 조직 자체의 요구사항
  − 이 국제표준/ISO XXXX의 이 부/ 이 기술규격의 요구사항
b) 효과적으로 실행되고 유지되는지의 여부

### 9.2 Internal audit
9.2.1 The organization shall conduct internal audits at planned intervals to provide information on whether the XXX management system:

a) conforms to:
  − the organization's own requirements for its XXX management system;
  − the requirements of this International Standard/this part of ISO XXXX/this Technical Specification;

b) is effectively implemented and maintained.

### 9.2.2 조직은 다음을 하여야 한다.
a) 주기, 방법, 책임, 기획, 요구사항 및 보고를 포함한 심사 프로그램을 계획, 수립, 실행 및 유지하고, 관련된 프로세스의 중요성과 이전 심사의 결과를 고려
b) 심사 기준 및 각 심사의 적용범위를 정의
c) 심사 프로세스의 객관성과 공정성을 보장할 수 있는 심사원을 선정하고 심사를 수행
d) 심사 결과는 관련된 경영자에게 보고되는 것을 보장
e) 심사 프로그램의 실행 및 심사 결과의 증거로 문서화된 정보를 보존

### 9.2.2 The organization shall:
a) plan, establish, implement and maintain an audit programme(s) including the frequency, methods, responsibilities, planning requirements and reporting, which shall take into consideration the importance of the processes concerned and the results of previous audits;
b) define the audit criteria and scope for each audit;
c) select auditors and conduct audits to ensure objectivity and the impartiality of the audit process;
d) ensure that the results of the audits are reported to relevant management;
e) retain documented information as evidence of the implementation

of the audit programme and the audit results.

**해설1** 경영시스템의 모니터링 및 측정

조직의 경영시스템이 제대로 운영되는지 자체적으로 내부심사를 하라는 의미이다. '내부심사'를 쉽게 표현한다면 '경영시스템에 대한 자체 심사'라고 할 수 있다. 9.1 조항과 비슷한 제목으로 표현을 바꾼다고 하면 '경영시스템의 모니터링 및 측정'이 적당할 것이다. 경영시스템을 모니터링 및 측정하는 방법의 하나로 심사를 택하고 있기 때문이다. 제2자 심사(고객 감사), 또는 제3자 심사(인증 심사) 등의 외부심사를 통하여 경영시스템의 적합성을 확인할 수 있다. 하지만 짧은 기간 동안 이루어지는 외부심사는 '수박 겉핥기'가 되기 쉽다. 조직의 속사정을 잘 아는 직원이 자체적으로 심사를 하는 것이 실질적이고 깊이 있기 때문에 자체적인 심사를 하도록 요구하는 것이다.

**해설2** 내부심사 프로세스에 규정할 내용

9.2 조항을 충족시키기 위해서 내부심사 프로세스에는 다음 사항이 포함되어야 할 것이다.

- 내부심사의 주관부서와 책임 및 권한
- 내부심사의 종류, 대상 및 주기
- 내부심사원의 자격요건과 자격부여 절차
- 내부심사 계획의 수립, 심사 프로그램
- 내부심사 체크리스트 운용

- 부적합의 종류와 정의
- 심사의 수행 방법
- 심사결과의 보고 및 처리
- 후속조치(시정, 시정조치 및 결과 확인, 경영검토 상정)
- 내부심사 결과 평가 및 피드백

### 9.3 경영검토

최고경영자는 지속적인 적절성, 충족성, 효과성을 보장하기 위해 계획된 주기로 조직의 XXX 경영시스템을 검토하여야 한다. 경영검토는 다음을 고려하여야 한다.

a) 이전 경영검토로부터 후속조치 현황
b) XXX 경영시스템과 관련된 외부 및 내부 이슈의 변경
c) 다음의 경향을 포함한 XXX 성과에 관한 정보
  - 부적합 및 시정조치
  - 모니터링 및 측정 결과
  - 심사 결과
d) 지속적 개선을 위한 기회

경영검토 출력물은 지속적인 개선 기회 및 XXX 경영시스템의 변경 필요성과 관련된 의사결정을 포함하여야 한다.

조직은 경영검토 결과의 증거로 문서화된 정보를 보존하여야 한다.

### 9.3 Management review

Top management shall review the organization's XXX management system, at planned intervals, to ensure its continuing suitability, adequacy and effectiveness.

The management review shall include consideration of:

a) the status of actions from previous management reviews;

b) changes in external and internal issues that are relevant to the XXX management system;

c) information on the XXX performance, including trends in:
   — nonconformities and corrective actions;
   — monitoring and measurement results;
   — audit results;

d) opportunities for continual improvement.

The outputs of the management review shall include decisions related to continual improvement opportunities and any need for changes to the XXX management system.

The organization shall retain documented information as evidence of the results of management reviews.

---

**해설1** 최고경영자에 의한 검토

최고경영자가 경영자 중 한 사람을 경영대리인(MR)으로 임명하고 경영대리인에게 경영시스템 수립, 실행, 유지 및 개선에 대한 책임과 권한을 부여하였다. 그렇다 하더라도 경영시스템이 제대로 운영되고 있는지를 최고경영자가 정기적으로 직접 검토하라는 것이다. 이렇게 검토하게 되면 경영시스템의 변경 등의 조치가 필요한 사항이 있을 수 있으므로, 이에 상응하는 조치를 취해야 한다.

### 해설2  경영검토 목적

'경영검토'의 목적은 경영시스템이 경영시스템 표준의 요구사항과 방침, 목표를 충족시키는 데 있어 지속적인 적절성, 충족성, 효과성을 가지는지를 판단하기 위한 것이다.(3개 용어에 대한 설명은 제10장 '10.2 지속적 개선' 참조)

### 해설3  경영검토 주기

경영검토 주기를 얼마로 할 것인가에 대하여 HLS에 명시된 사항은 '계획된 주기'로 실시하라는 것이다. 따라서 주기는 조직에서 자체적으로 결정하면 된다.

### 해설4  경영검토 내용

경영검토 내용(review input)에 대해 HLS에 명시된 것은 4개 항목이나, c)항에는 세부적으로 여러 가지 내용을 포함하고 있다. 따라서 9.3 조항을 충족시키기 위해서는 경영검토 자료에 다음 사항이 포함되어야 할 것이다.

- 이전 경영검토 후속조치
- 경영시스템과 관련된 외부 및 내부 이슈의 변경
- 부적합 및 경향
- 시정조치 및 경향
- 모니터링 및 측정 결과, 경향
- 심사 결과: 내부심사·고객심사·인증심사 결과
- 고객 피드백: 고객만족, 고객불만, 고객의 요구 및 기대(품질의 경우)
- 성과 목표 및 결과, 경향 등

# 제10장
## 개선

- 개선 (Improvement)

### 10.1 부적합 및 시정조치

부적합이 발생하면 조직은 다음과 같이 하여야 한다.
a) 부적합에 해당되는 경우
   - 부적합을 통제하고 시정하기 위한 조치를 취함
   - 그 결과를 처리함
b) 다음과 같은 방법에 의해 부적합이 재발하거나 발생하지 않도록, 부적합의 원인을 제거하기 위한 조치의 필요성을 평가
   - 부적합을 검토
   - 부적합 원인을 결정
   - 유사한 부적합이 존재하거나 잠재적으로 발생 가능성이 있는지를 결정

c) 필요한 조치를 실행

d) 시정조치의 효과성을 검토

e) 필요한 경우, XXX 경영시스템을 변경

시정조치는 당면한 부적합의 영향에 적절하여야 한다.

조직은 다음에 관한 증거로 문서화된 정보를 보존하여야 한다.

– 부적합의 내용 및 이후에 취해진 조치

– 시정조치의 결과

### 10.1 Nonconformity and corrective action

When a nonconformity occurs, the organization shall:

a) react to the nonconformity and, as applicable:
- take action to control and correct it;
- deal with the consequences;

b) evaluate the need for action to eliminate the causes of the nonconformity, in order that it does not recur or occur elsewhere, by:
- reviewing the nonconformity;
- determining the causes of the nonconformity;
- determining if similar nonconformities exist, or could potentially occur;

c) implement any action needed;

d) review the effectiveness of any corrective action taken;

e) make changes to the XXX management system, if necessary.

Corrective actions shall be appropriate to the effects of the nonconformities encountered. The organization shall retain documented information as evidence of:

- the nature of the nonconformities and any subsequent actions taken;
- the results of any corrective action.

### 해설1  시스템 부적합? 제품 부적합?

이 조항은 부적합이 어떤 부적합을 말하는 것인지에 대한 논란이 있을 수 있다. 부적합이 '경영시스템'의 부적합을 의미하는 것인지, 아니면 '제품'의 부적합을 말하는 것인지 명확하지 않기 때문이다. e)항에 '필요한 경우, 경영시스템 변경'이란 문구 때문에 '경영시스템 부적합'을 말한다고 단정해서는 안 될 것이다. 그렇기 때문에 두 가지 부적합을 모두 말하는 것으로 해석하는 것이 타당하다.

각 분야별 경영시스템 표준의 '8. 운영' 조항에서 제품 부적합에 대한 요구사항이 있다면, 이 조항에서는 경영시스템 부적합만을 다루면 된다. 만일 제품 부적합에 대한 내용이 없는 경우 이 조항에서 경영시스템 부적합과 제품 부적합을 모두 고려하여야 할 것이다.

### 해설2  부적합

'부적합'은 '요구사항의 불충족(non-fulfillment of a requirement)'으로 정의되어 있다. 요구사항을 충족시키지 못하므로 적합하지 않다는 뜻으로 '부적합'이라는 용어를 사용하였다. '불일치'라는 용어도 사용 가능하다.

**해설3** 부적합이 반복되지 않도록

실수는 있을 수 있지만, 실수가 반복되지 않도록 확실한 방지대책을 취하여야 한다는 것이 이 조항의 취지이다. 그러기 위해서는 잘못된 근본 원인이 무엇인지 찾아 제거하여야 한다. 단순히 현상만 제거하는 미봉책이어서는 문제가 재발하기 때문이다. 경영시스템이 완벽하게 구축될 수 있는 것도 아니고, 시스템을 운영하는 것도 사람인 이상 실수가 있을 수 있다. 애초에 잘못되는 일이 없으면 더욱 바람직하겠지만 현실은 그렇지 않다. 따라서 잘못이 반복되지 않도록 뿌리를 뽑는 것이 중요하다.

**해설4** 시정조치의 목적

부적합이 반복되지 않도록 '재발 방지(prevention of recurrence)'를 취하는 것이 시정조치의 목적이다. 재발 방지를 위해서는 잘못된 근본 원인이 무엇인지 찾아 제거하여야 한다.
또한 재발 방지를 위한 방법이 적절하지 않으면 소용이 없으므로, 시정조치가 효과가 있는지를 확인하는 것이 중요하다. 따라서 시정조치의 핵심은 '근본 원인 조사'와 '효과성 확인'에 있다.

**해설5** 모든 부적합에 대하여 시정조치를 취하여야 하나?

'부적합이 발생하면 항상 시정조치를 취하여야 하는가?'라는 질문을 종종 받는다. 모든 부적합에 대하여 시정조치를 취할 필요는 없다. 재발 방지가 필요한 부적합에 대해서만 시정조치를 취하면 된다.

## 10.2 지속적 개선

조직은 XXX 경영시스템의 적절성, 충족성 및 효과성을 지속적으로 개선하여야 한다.

## 10.2 Continual improvement

The organization shall continually improve the suitability, adequacy and effectiveness of the XXX management system.

---

**해설1** Business Excellence로 가는 길

조직의 환경은 항상 변하고 있다. 외부적 환경뿐만 아니라 내부적 환경도 변하기 마련이다. 그럼에도 불구하고 조직의 시스템이 변하지 않는다면 그것이 오히려 이상한 것이다. 따라서 조직이 변화하는 환경에 대응하고 성과를 향상시켜 나가기 위해서는 지속적으로 시스템을 개선해야 한다. '조직의 우수성은 변화에의 대응 능력에 비례한다'고 한다. 변화에 대한 대응 차원뿐만 아니라, 미래 지향적 적극적 기능으로서도 지속적 개선[33]은 반드시 필요하다.

---

[33] 지속적 개선(continual improvement)의 정의가 '요구사항을 충족시키는 능력을 증진시키기 위하여 반복되는 활동(recurring activity to increase the ability to fulfil requirements)' ([ISO 9000:2005 / 3.2.13])'이었으나, HLS에서는 '성과를 향상시키기 위한 반복적인 활동(recurring activity to enhance performance)'으로 변경되었다(제3장 3.21 참조).

> [해설2] **개선 대상과 방법**

이 조항에서는 '경영시스템의 적절성, 충족성 및 효과성을 개선'하도록 개선 대상을 명시하고 있으나, 개선을 위해 특정 방법론이나 기법을 사용하라는 내용은 없다. 즉 무엇을 개선하라는 요구사항은 있으나 어떻게 개선하라는 요구사항은 없다. HLS의 기본 원칙을 충실히 따른 조항이다.

분야별 경영시스템 표준에서 지속적 개선을 위한 프로세스, 절차, 방법론, 기법 등 필요한 사항을 요구하게 될 것으로 보인다. 참고로 ISO 9001:2008에는 '조직은 지속적 개선 프로세스를 계획하고 실행하여야 한다'고 명시되어 있다.

> [해설3] **적절성, 충족성 및 효과성**

적절성, 충족성, 효과성, 이 3가지 용어는 구별하기 어렵다. 이들 용어에 대한 의미는 다음과 같다.(부록 2, 개념 문서, 10.2 참조)

- **적절성**: 경영시스템이 조직의 목적, 운영, 문화 및 비즈니스 시스템에 알맞고 올바른 정도
  **Suitability**: the extent to which the MS 'fits' and is right for the organization's purpose, its operations, culture, and business systems
- **충족성**: 경영시스템이 적용 가능한 요구사항을 충족하기에 충분한 정도
  **Adequacy**: the extent to which the MS is sufficient in meeting the applicable requirements
- **효과성**: 계획된 활동이 실현되어 결과가 달성되는 정도
  **Effectiveness**: the extent to which planned activities are realized and planned results achieved

**해설4** 지속적 개선을 위한 프로세스가 있어야

'지속적 개선'은 저절로 이루어지는 것이 아니다. 조직 내에서 체계적으로 이루어짐을 보장할 수 있도록 지속적 개선을 위한 프로세스를 수립하고 운영하여야 한다. 이 조항에서는 지속적 개선을 구체적으로 어떻게 하라는 요구사항은 없다. 하지만 지속적 개선을 위한 방법으로 시정조치만을 시행하는 것은 이 조항의 요구사항을 충족시키지 못한다. 개선 방법에 대한 요구사항이 명시되지 않았다고 해서 아무 방법 없이 경영시스템의 적절성, 충족성, 효과성을 지속적으로 개선한다는 것은 어불성설이기 때문이다. 일반적으로 방침 및 목표, 내부심사, 부적합 및 시정조치, 경영검토, 성과 평가 등이 연계된 개선 프로세스를 운영하여야 할 것이다.

# 제3부
# HLS 활용

# 제3부
# HLS 활용

**제1장**

# HLS 기반
# 통합경영시스템 구축 개요

## ● 경영시스템에 대한 새로운 시각

머리말에서부터 마지막 페이지까지 이 책 전체에서 가장 빈번하게 등장하는 핵심 단어는 'HLS'이다. 하지만 제3부 'HLS 활용'에서만은 '통합경영시스템'이 HLS를 우선한다. 제3부에서는 HLS를 활용하여 어떻게 통합경영시스템을 구축하고 운영해야 하는지를 제시하기 때문이다.

통합경영시스템은 조직의 경영시스템이 2개 이상 존재한다는 것을 전제로 한다. 실제로 많은 수의 조직이 품질경영시스템, 환경경영시스템, 안전보건경영시스템, 정보보호경영시스템 등 다양한 분야의 경영시스템을 구축한다. 이러한 경영시스템은 분야별로 관련 기능을 담당하는 부서에 의해 유지·관리되고 있다.

그러면 여기에서 한 가지 질문을 해보자. 조직은 왜 많은 노력과 돈을 들여 이러한 여러 가지 경영시스템들을 구축하고 운영하고 있는가?

필자가 교육이나 컨설팅 등을 수행하면서 만났던 많은 기업이나 공공기관의 임직원들에게 다양한 답을 들을 수 있었다. 이러한 답변들을 정리해 보면 경영시스템을 구축하고 운영하는 주된 목적은 '고객과 이해관계자의 요구'로 정리된다.

즉 조직이 생산하고 제공하는 제품이나 서비스가 품질을 만족시킬 수 있는지, 그 제품이나 서비스를 생산하고 제공하는 과정에서 환경에 악영향을 미치지 않도록 관리하고 있는지, 제품이나 서비스의 생산 및 제공 과정에서 종업원이 안전한 환경에서 일하고 있는지 등을 고객과 이해관계자들에게 객관적으로 입증하기 위해서라는 것이다.

만약 조직이 경영시스템을 구축하고 운영하는 주된 목적을 고객과 이해관계자의 요구 대응에만 맞춘다면, 고객과 이해관계자의 요구가 다양해지고 세분화되는 만큼 경영시스템 표준 역시 늘어날 것이다. 더불어 고객과 이해관계자의 요구에 대응하기 위해 구축·관리해야 하는 경영시스템도 함께 늘어난다. 실제로 현존하는 경영시스템 표준은 파생 표준까지 합쳐 수십 여종에 이르고 있다. 앞으로도 경영시스템 표준의 증가 추세는 계속될 것이다.

또한 경영시스템의 주된 존재 이유가 고객과 이해관계자의 요구 대응에 있기 때문에 그 요구에 따라 수많은 경영시스템을 구축해야 하는 경영시스템의 홍수를 맞이할 수도 있다. 하지만 반대로 고객과 이해관계자의 직접적인 요구가 없을 경우 경영시스템은 불필요한 것이 되어버리는 극단적인 딜레마에 빠지게 된다.

이처럼 경영시스템의 홍수나 무용론에 직면한 조직에게 ISO는 '고객과 이해관계자의 요구 대응이라는 기존의 시각을 뛰어넘어 새로운 시각으로 경영시스템을 구축·운영하라'고 권고한다. 조직의 경영시스템은 고객의 요구에 대응하기 위해 존재한다는 기존의 소극적인 시각에서 조직의 목적을 달성하기 위한 수단이고 도구라는 것을 명확히 인식하라는 것이다.

이를 위해 ISO가 제시한 방안이 바로 다음 페이지의 〈그림 3-1〉에서 살펴볼 수 있는 HLS라는 통합경영시스템 기본 틀(framework)의 적용이다. 앞서 언급한 바와 같이 ISO가 경영시스템에 대한 인식 전환을 강조한 것은 경영시스템 표준의 대표주자라고 할 수 있는 ISO 9001의 세 번째 개정판이 등장하던 2000년부터라고 할 수 있다. 하지만, 경영 일선에서 조직이 적용할 수 있는 뚜렷한 방법론을 제시하지 못하고 있다가 10여 년 만에 그 답을 제시한 것이다.

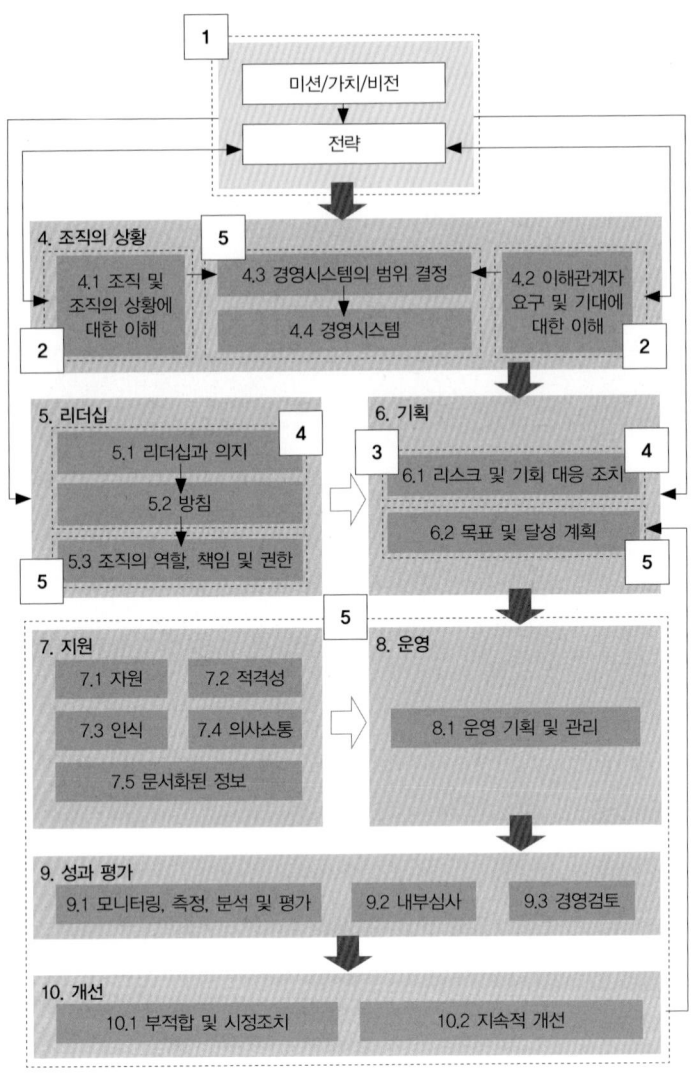

〈그림 3-1〉 HLS Framework와 HLS 기반 통합경영시스템 구축 단계 연계

## HLS 기반 통합경영시스템 구축 단계

조직이 HLS라는 기본 틀을 기반으로 통합경영시스템을 구축하기 위해서는 〈그림 3-2〉와 같은 다섯 단계로 구분된 추진 절차를 거쳐야 한다.

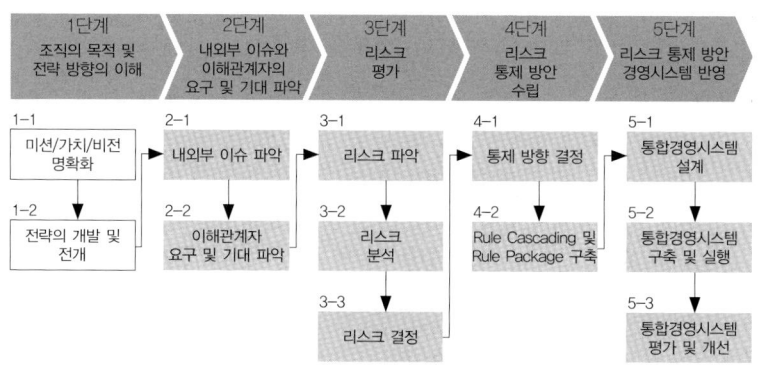

〈그림 3-2〉 HLS 기반 통합경영시스템 구축 단계

첫 번째는 조직의 목적 및 전략 방향을 명확히 해야 한다. HLS에서는 이에 대해 매우 간략하게 다루고 있다. 하지만 HLS의 첫 번째 요구사항인 '조직의 상황 파악'은 일반적이고 다양한 내외부 이슈에 대해 파악하는 것이 아니라 조직이 집중해야 할 가장 중요한 것, 즉 조직의 목적과 전략 방향에 관련된 현안을 우선적으로 결정해야 하기 때문에 이를 명확히 해야 한다. 조직의 목적, 전략 방향과 관련된 내외부 이슈와 이해관계자의 요구 및 기대사항을 파악하는 두 번째 단계를 거쳐, 관리대상 리스크가 무엇인지 정의하고 이를 어떻게 통제할 것인가를 결정하는 것이 세 번째와 네 번째 단계이다.

마지막으로, 정립된 통제 방안을 경영시스템에 반영하여 리스크 발생을 구조적으로 예방하고 긍정적인 측면의 기회를 극대화하는 것이 다섯 번째 단계이다. 다섯 번째 단계는 가장 광범위한 업무를 다루는 단계이기 때문에 조직 입장에서는 HLS 기반 통합 경영시스템 구축 작업의 거의 대부분이라고 인식될 만큼 해당되는 업무 내용이 다종다양하기도 하고, 조직의 경영시스템 관리 수준에 따라 추진해야 할 업무 범위와 내용 역시 편차가 크다.

## ● 길잡이를 따라서

조직이 보다 손쉽게 국제표준화기구가 닦아 놓은 HLS라는 길을 따라 최적화된 경영시스템을 구축하도록 여기에 길잡이 도구를 마련해 두었다. 그것은 바로 경영 대가들의 경영시스템과 관련한 조언과 'MAGIS'라는 가상기업의 사례를 소개하는 것이다.

가상기업의 사례라고 하지만 실제의 사례를 토대로 단순화시켰기 때문에 현실과 괴리된 모습을 그리는 것은 아니다. 가상기업 'MAGIS'는 창업한지 20년이 된 환경 분야 산업설비를 제조·설치하는 중견기업이다. 창업 초기부터 해외 사업을 수행하였고, 최근 들어 조직의 역량을 집중하여 본격적인 해외 진출을 도모하고 있는 상태이다. 20년 전 첫 해외 진출을 하면서 고객으로부터

ISO 인증서를 요구받아 ISO 9001 품질보증시스템을 시작으로 현재 ISO 14001 환경경영시스템, OHSAS 18001 안전보건경영시스템을 도입하였다. 또한, 엔지니어링 분야의 기술적 노하우를 좀 더 체계적으로 보호하기 위해 정보보호경영시스템과, 글로벌화되는 공급사슬에서 문제점이 발생했을 때 신속하게 대응하기 위한 ISO 22301 기반의 사업연속성 관리체계 도입을 검토하고 있다. 하지만 한정된 인적 자원과 관리의 부담감 때문에 고민하고 있는 상황이다. 일부 임원들은 현재 운영 중인 경영시스템이 일부 고객의 요구에 대응하는 것 외에 어떤 의미가 있는지 회의적인 견해를 노골적으로 피력하고 있는 실정이다.

 이제 경영 대가들의 친절한 설명과 가상기업 'MAGIS'의 사례를 통해 조직의 목적과 전략 수행에 최적화된 경영시스템을 어떻게 추진하면 되는지 단계별로 상세히 살펴보도록 하자.

**제2장**

# 1단계: 조직의 목적 및 전략 방향의 이해

    HLS 기반 통합경영시스템 구축 5단계 중 첫 번째 단계인 '조직의 목적 및 전략 방향의 이해' 부분은 앞서 언급한 바와 같이 HLS에서 매우 간략하게 다루고 있다. 잃어버린 퍼즐 조각이 존재하는 것이다. 잃어버린 퍼즐을 맞추기 위해 이번 장에서는 경영의 대가들의 안내에 의존한다. 이번 장에서 이러한 역할을 맡은 안내자는 'BSC'라는 전략실행방법론의 창시자인 캐플란 교수와 컨설턴트인 노턴, 그리고 '현대 전략 분야의 아버지'라 불리는 마이클 포터 교수이다. 이들은 모두 조직이 전략을 어떻게 수립하고 운영할 것인지에 대해서는 명실공히 세계 최고의 권위자들이다.

## 미션, 가치, 비전의 명확화

조직의 목적을 이해한다는 것은 조직의 존재 목적을 정의한 미션, 조직의 모든 구성원의 행동을 가이드하는 나침반인 가치, 조직의 미래 결과에 대한 포부를 그린 비전을 정립하고 이를 조직 전체가 공유하는 것을 의미한다.

조직의 존재 목적을 정의하는 미션은 일반적인 경영 용어와는 달리 그 어원이 종교에 뿌리를 두고 있다. 이는 절대자로부터 부여받은 사명을 의미하는데, 그 사명은 '세상 끝까지 구원의 기쁜 소식을 전하라'는 것이기 때문에 선교라는 용어로 쓰이기도 한다. 미션을 신으로부터 받은 사명이라고 하든, 복음을 전하는 선교라고 하든, 모두 신성한 것으로 매우 근본적이며 정체성과 관련이 깊다는 공통점을 지닌다.

이 점은 경영에서도 마찬가지이다. 미션을 검토하고 재확인한다는 것은 조직의 정체성을 확인하고 이를 실현하기 위해서 무엇을 할 것인지 명확하게 하는 것을 의미한다. 그래서 전략의 대가들이 조직이 새롭게 전략을 수립할 때 미션, 가치, 비전에 대한 검토 및 재확인을 전략 개발의 출발점으로 삼아야 한다고 강조하는 것이다.

미션, 가치, 비전을 정립하거나 조직 구성원들이 이를 명확하게 인식하게 하는 일은 조직의 리더가 무엇보다 우선적으로 챙겨야 할 중요한 업무이다. 이러한 미션, 가치, 비전 중에서 리더는 비전을 통해 조직 구성원들에게 꿈과 희망을 제시하고 이를 이루기 위해 함께 노력할 것을 설득하여 그들의 자발적인 헌신과 열정을 이끌어 내야 한다.

따라서 미션, 가치, 비전의 명확화라는 것은 올바른 비전의 정립을 통해 실현된다고 할 수 있는데 올바른 비전의 정립을 위해서는 다음과 같은 몇 가지 요건을 만족하여야 한다.

우선 비전은 조직만의 정체성과 존재 의의, 즉 조직의 미션이 담겨야 한다. 이를 기반으로 다른 조직과 구별되는 조직의 정체성과 조직의 나아갈 방향을 제시하는 나침반 같은 기능을 하도록 해야 한다.

이렇게 조직의 미션이 반영된 비전은 전략의 출발점이자 차별화의 원동력으로 작용하게 된다. 하버드대의 마이클 포터 교수가 "한국 기업은 전략이 없다"라고 이야기하여 학계와 경영자들 사이에서 화제가 된 적이 있다. 이는 우리나라 기업 중에서 자신의 존재 의의를 차별화하고 남과 다른 방식으로 경쟁하는 기업을 발견하기 어렵기 때문이다.

이 같은 한국 기업의 전략이 부재한 원인이 무엇인지를 따라가다 보면 해당 기업만의 차별화된 비전이 없기 때문이라는 결론에 다다르게 된다. 다른 조직과 다른 정체성이나 차별적인 존재 이유를 고민하지 않는 기업에서 차별적인 전략이 나오는 것은 하늘에서 별을 따는 것만큼 어려운 일이다. 국내 기업에서는 동종 산업을 대상으로 전략을 분석하면 기업 간 차이를 발견하기가 쉽지 않다. 좋다는 것은 모두 하려고 하고, 상대방을 베끼고 모방하는 데 몰두한다. 따라서 전략은 서로 수렴되며 단지 운영의 효율성만 다를 뿐이다. 그래서 우리나라에서는 분명한 정체성과 철학을 가지고 운영되는 기업을 찾기가 어렵게 되는 것이다.

비전은 구성원 모두에게 동일한 이미지의 미래상을 가지게 해야 한다. 동시에 한 번 들으면 쉽게 이해되고 조직원과 이에 대해 쉽게 소통할 수 있어야 한다. 따라서 간결하면서도 명확해야 한다. '집집마다 모든 책상 위에 컴퓨터를'이라는 MS의 비전은 탁월한 소프트웨어를 통해 컴퓨터를 보통 사람들이 사용하기 편리한 필수품으로 만들자는 명확한 메시지를 간결하게 표현하고 있다. 창립 초기 MS의 모든 구성원들에게 회사의 지향점을 명확히 전달했다. 반면 '컴퓨터 산업을 선도하는 기업'과 같은 비전은 모호하다. '선도'한다는 의미가 매출액이 산업군에서 최고인 회사를 만들자는 것인지, 혁신적인 기술을 개발하자는 것인지, 혹은 그 기술이 하드웨어 기술인지 소프트웨어 기술인지 네트워킹 기술인지가 불명확하다. 그래서 귀에 걸면 귀걸이, 코에 걸면 코걸이처럼 말만 번지르르한 비전은 결코 좋은 비전이 될 수 없다.

그리고 비전은 조직 구성원들에게 영감을 주고 열정을 불러일으킬 수 있어야 한다. 비전을 수립할 때 리더는 '어떻게 구성원들을 설레게 할 것인가?', '어떻게 이 비전 달성에 모두가 열정을 가지고 동참하게 만들 것인가'와 같은 고민을 해야 하며 나아가 어렵지만 조직이 속한 공동체 발전에 대한 열망이나 사회적 가치를 담도록 노력해야 한다.

회사의 비전에 많은 사람들이 공감하며 박수를 보낼 수 있어야 조직이 영속할 수 있기 때문이다.

마지막으로 비전은 반드시 조직 구성원 모두에게 공유되어야 한다. 이를 위해서는 리더가 비전의 실현을 위해 모든 노력을 다하고 있다는 것을 구성원이 보고 느끼고 알 수 있어야 한다. 구성원들이 공감하지 않으면 비전은 개인적 선언에 그치고 만다. 비전이 공유되어야만 회사의 모든 의사결정과 활동이 비전과 일관성을 가지는 것이다.

비전은 장기적 목표와는 다르다. 또한 그럴듯한 말의 나열은 더더욱 아니다. 올바른 비전을 수립하기 위해서는 세상 속에서 조직의 존재 이유에 대한 고민과 현재에 대한 성찰을 토대로 미래에 대한 통찰력이 필요하다. 조직의 비전은 선동 구호나 화려한 미사여구가 아니라 이러한 고민과 성찰의 바탕에서 기업과 공동체 구성원의 미래에 대한 열망을 반영해 표현하는 것이다.

### 'MAGIS'의 미션, 가치, 비전

'MAGIS'의 미션, 가치, 비전은 〈그림 3-3〉과 같이 단순하지만 명확하다. 20년 동안 사업을 수행해왔던 환경 분야 산업설비 제조 및 서비스를 통해서 인류의 지속가능한 성장과 발전에 기여하겠다는 것을 미션으로 정의하였다. MAGIS의 미션, 가치, 비전은 도전적이다. 2030년까지 세계에서 가장 존경받는 기업이 되겠다는 것이 비전이다. 그저 가장 큰 규모의 회사가 되겠다는 것이 아니다. 가장 존경받는 회사가 되겠다는 것이다. 이윤 창출이나 양적 성장만을 추구하겠다는 것이 아니다. 이를 위해서 MAGIS는 다양한 측면(환경경영, 사회적 책임 등)에서의 성과를 염두에 둔 포괄적인 노력을 전사적으로 경주해야 한다. 이러한 모든 활동들은 글로벌 차원에서 전개되어야 한다.

**미션(Mission)**

세계 최고의 환경 분야 산업설비 제품과 서비스를 통해 지구 가족의 지속가능한 성장과 발전에 기여한다.

**가치(Value)**

최고가 되려는 사람들이 최고의 기술과 최고의 제품으로 고객 만족과 지구의 미래를 책임진다.

**비전(Vision)**

2030년까지 세계에서 가장 존경받는 환경 분야 산업설비 전문기업이 된다.

- 미션: 조직의 근본적인 존재 이유 또는 궁극적 목적
- 가치: 외부적 환경변화와 무관하게 조직이 지켜나가는 본질적이고 지속적인 신조
- 비전: 조직이 지향하는 모습 또는 바람직한 미래의 모습

〈그림 3-3〉 **미션, 가치, 비전 명확화의 예**

## ● 전략의 개발 및 전개

미션, 가치, 비전에 대한 명확화 작업이 완료되면, 조직은 그들이 무엇을 성취해야 하는지 한눈에 파악하고 공유할 수 있게 된다. 이제 본격적으로 전략 수립의 첫 단계인 조직을 둘러싼 외부 환경과 조직 내의 경영 여건을 살펴볼 차례이다.

일반적으로 전략 분석은 외부환경 분석과 내부환경 분석으로 구분되며, 다시 외부환경 분석은 법규 및 제도, 사회 및 문화, 경제 성장 등과 같은 거시적 경영환경에 대한 분석, 시장의 규모, 성장성, 수익성, 경쟁구도 및 주요 경쟁자, 주요 경쟁자의 경쟁 역량 등에 대해 분석하는 시장 및 경쟁환경 분석으로 나눌 수 있다. 그리고 내부환경 분석에서는 조직 내부의 보유 자원의 양과 특성, 경쟁우위 요소 등에 대해 분석한다. 이러한 외부 및 내부환경 분석은 분석 분야별로 주로 사용되는 다음과 같은 고유한 분석 방법이나 분석 도구가 존재한다.

### 거시적 경영환경 분석

외부환경 분석 중 거시적 경영환경 분석은 주로 'PEST' 혹은 'PESTEL'이라는 분석틀을 활용하는데 이는 분석틀을 구성하는 요소가 정치(Political), 경제(Economic), 사회(Social), 기술(Technological), 환경(Environmental), 법규(Legal)로 구성되기 때문이다.

| 정치적 환경 분석(P) | 경제적 환경 분석(E) | 사회적 환경 분석(S) |
|---|---|---|
| - 규제 기관 및 프로세스<br>- 정부 정책<br>- 정부 집권 기간과 변화<br>- 무역 정책<br>- 자금, 보조금 및 이니셔티브<br>- 국내 시장의 로비, 압력 단체<br>- 국제적인 압력 단체<br>- 전쟁과 갈등 | - 해당 국가의 경제 시스템 유형<br>- 자유시장에 대한 정부 개입 정도<br>- 해당 국가의 경쟁우위<br>- 환율과 해당 국가 통화의 안정성<br>- 금융시장의 효율성<br>- 인프라의 질<br>- 인적자원의 업무기술 수준<br>- 임금<br>- 경기 사이클(호황기, 불황기, 회복기 등)<br>- 경제성장률<br>- 실업률<br>- 인플레이션율<br>- 이자율 | - 라이프 스타일 동향<br>- 인구 통계<br>- 계층 구조<br>- 미디어, 광고 및 홍보<br>- 윤리적 문제<br>- 소비자 구매 패턴<br>- 교육<br>- 종교 및 인종 요인<br>- 문화(성별 역할 등)<br>- 기업가 정신<br>- 사고방식(건강, 환경에 대한 인식)<br>- 레저에 대한 관심 |
| **기술적 환경 분석(T)** | **환경적 환경 분석(E)** | **법규적 환경 분석(L)** |
| - 경쟁 기술 개발<br>- 연구 기금<br>- 대체 기술, 솔루션<br>- 기술의 성숙도<br>- 정보 통신<br>- 기술 확산 속도<br>- 혁신 가능성<br>- 기술 접근, 라이센스, 특허<br>- 지적 재산권 문제 | - 이산화탄소 방출량<br>- 고체 폐기물 생성량<br>- 액체 폐기물 방출량<br>- 에너지 소비량<br>- 재활용량<br>- 청정수 소비량<br>- 전반적인 환경 관행 | - 독점금지법<br>- 가격 관련 법규<br>- 과세: 세율과 인센티브<br>- 임금 관련 법규: 최저임금, 시간 외 근무<br>- 1주 노동 시간<br>- 의무적 종업원 복리후생 제도<br>- 산업안전 관련 법규<br>- 제품 상표 부착 규정 |

〈그림 3-4〉 PESTEL 분석 요소별 구성 예시[34]

## 시장 및 경쟁환경 분석

시장 및 경쟁환경 분석에서는 고객(Customer), 경쟁자(Competitor), 자사(Company)에 대해 분석하는 비교적 단순한 '3C 분석'과 마이클 포터가 그의 저서 〈경쟁 전략〉을 통해 소개한

---

[34] 로버트 캐플란, 데이비드 노턴 저, (주)웨슬리퀘스트 역, 〈전략실행 프리미엄〉, 21세기북스, 2009, p.81

'5가지 요인(Five Forces) 분석'이 사용된다. 이 5가지 요인 모델은 산업의 매력도를 가늠하게 하고, 우호적이든 비우호적이든 산업을 형성하는 특정한 요소들을 파악하는 데 도움을 준다. 5가지 요인 분석을 구성하는 5가지 요인들이 무엇인지와 그 특징에 대해 살펴보면 다음과 같다.

- **신규진입의 위협**: 신규진입이 있을 가능성이 어느 정도냐에 따라서 경쟁상태가 결정된다. 이 신규진입의 정도는 해당 업계의 진입장벽이 얼마나 높은가에 의해서 정해진다. 진입장벽의 한 가지 예는 규모의 경제성이다. 규모의 경제성이 우위성 구축의 최대 요소인 업계에서 신규진입 기업은 처음부터 대량생산에 돌입하여 막대한 재고 위험이나 투자 위험을 각오하든지, 아니면 처음에는 소량생산으로 시작해서 비용면의 불리함을 감수하든지 어느 한쪽을 선택할 수밖에 없다. 따라서 진입장벽이 높다고 말할 수 있다.
- **기존 기업 간 경쟁관계의 강도**: 일반적으로 동업자가 많고 비슷한 규모의 회사가 많은 업계는 성장이 느리다. 또 고정비의 비율이 높은 업계일수록 적대 관계가 심하다. 외부의 강력한 기업에 의한 경쟁상대매수 등에 의해서 적대관계가 급격하게 변화하는 경우도 있다. 또 퇴출장벽이 높은 업계에서 경쟁이 심해지면 좀처럼 헤어날 수 없는 경쟁이 될 염려도 크다.
- **대체상품의 위협**: 현재의 상품보다도 가격 대 성능비가 높은 상품이 나오는 경우 큰 위협이 된다.
- **구매자의 교섭력**: 구매자의 힘이 자사가 속한 업계의 힘보

다도 강한 경우가 있다. 예를 들면 구매자가 모여 있어서 판매자 총 거래량의 상당량을 구입하는 경우나, 그 상품이 차별화되지 않는 상품이라 경쟁 중인 다른 회사에서도 모두 만들고 있을 경우, 또는 구매자가 공급자들을 통합하려는 자세를 보이고 있는 경우 등이다.

- **판매자의 교섭력:** 판매 업계가 소수 기업에 의해 지배되는 경우, 자사가 속한 업계가 판매자에게 중요한 고객이 아닌 경우, 또는 판매자가 공급하는 제품이 자사가 속한 업계에서 중요한 부품인 경우에는 판매자의 교섭력이 강해지는 경향이 있다.

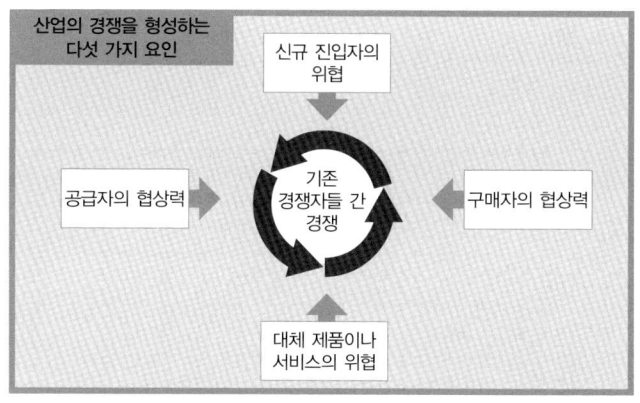

〈그림 3-5〉 5가지 요인 분석(Five Forces Analysis)

## 내부환경 분석

내부환경 분석은 조직 스스로 성과와 능력을 조사하는 것이다. 내부환경 분석에 널리 활용되는 분석 도구는 역시 마이클 포터에 의해 도입된 '가치사슬 분석'이다.

가치사슬은 원가의 형태와 현존하거나 잠재적으로 존재하는 차별화의 원천을 이해하기 위해 도입된 개념으로, 한 기업의 활동을 전략적으로 연관성 있는 몇 개의 활동들로 나누는데 조직의 제품과 서비스가 고객에게 전달되기까지 필요한 일련의 프로세스를 파악해낸다. 가치사슬에는 시장의 창출, 제품 및 서비스의 생산과 전달, 고객에 대한 판매 같은 주요 활동 외에 R&D, 인적자원 관리, 기술 개발 등과 같은 주요 가치창출 프로세스를 지원하는 부차적인 지원 활동도 포함될 수 있다.

이런 가치사슬 모델을 통해 회사는 지속적 경쟁우위 확립을 위해 그들이 경쟁자와 다르거나 보다 더 효율적으로 수행해야 할 활동을 파악할 수 있다.

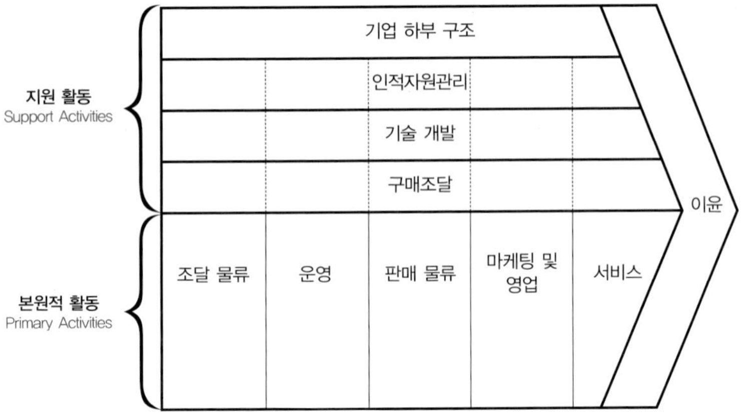

| 지원 활동<br>Support Activities | 기업 하부 구조 | | | | |
| --- | --- | --- | --- | --- | --- |
| | 인적자원관리 | | | | |
| | 기술 개발 | | | | |
| | 구매조달 | | | | |
| 본원적 활동<br>Primary Activities | 조달 물류 | 운영 | 판매 물류 | 마케팅 및 영업 | 서비스 |

이윤

가치사슬의 핵심은 기능(Function)이 아닌 전략적으로 연관성(Linkages) 있는 활동(Activity)
- 고객 니즈 충족에 필요한 활동 분석
- 전략적 가치가 있는 부문과 조직 내 다른 활동 파악
- 기업 가치를 창출하는 핵심 활동 파악

〈그림 3-6〉 가치사슬 분석

## 분석 결과 정리

일단 내외부환경 분석이 완료되면 분석 결과를 토대로 SWOT 분석을 실시한다. SWOT 분석은 스탠퍼드연구소의 앨버트 험프리가 기업의 중장기 계획이 왜 실패했는지 분석하는 프레임워크로 고안한 'SOFT 분석'을 토대로 축과 내용을 바꾸어 만든 것이다. SWOT 분석과 관련하여 주목해야 할 점은 SWOT 분석이 '분석 도구'가 아니라 단순한 '정리 도구'라는 것이다. SWOT 매트릭스를 채웠다고 해도 여기에서 직접적으로 어떤 결론이 나오지는 않는다. 그러나 SWOT의 응용판이라고 할 수 있는 TOWS 매트릭스는 전략 옵션을 만드는 데 사용할 수 있다.

이는 샌프란시스코 대학의 교수인 하인츠 웨이리치가 1982년의 논문 〈The TOWS matrix: a tool for situational analysis〉에서 제창한 프레임워크다. TOWS는 SWOT에서 도출한 기회(Opportunities)와 위기(Threats)에 각각 강점(Strengths)과 약점(Weaknesses)을 조합하면 된다. 전부 조합해 보면 실시해야 할 전략 과제 후보가 나온다. 하지만 여기에서도 조직이 선택해야 할 것이 무엇인지 해답을 제시하지는 않는다. TOWS 매트릭스 역시 어디까지나 사업 요소를 조합해서 전략 과제를 조금 넓히기 위한 도구일 뿐이기 때문이다.

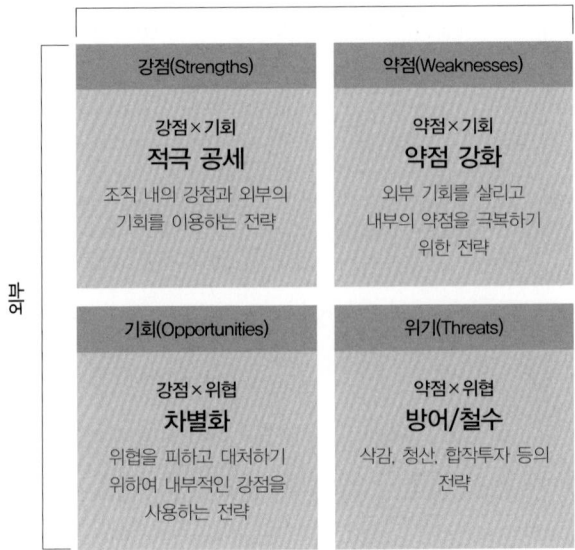

〈그림 3-7〉 TOWS 매트릭스

## 전략 수립 및 전개

 이제는 전략분석 결과를 바탕으로 조직이 취해야 할 전략을 수립해야 할 차례이다. 전략의 시대라고 불릴 만큼 불확실성과 혼란의 시대이기 때문에 전략 수립과 관련된 여러 가지 방법론이나 가이드가 존재한다. 하지만 모두가 전략을 말하는 시대에 있어서 전략의 의미는 더욱 불분명해지고 있다. 앞서 이번 장의 서두에서 소개한 마이크 포터 교수의 안내를 통해 전략이란 무엇이며 전략 수립에 있어 가장 초점을 맞추어야 할 것은 무엇인가를 살펴보자.

마이클 포터는 '전략이란 무엇이며 전략 수립에 있어 가장 초점을 맞추어야 할 것은 무엇인가'라는 질문에 대해, 1996년 하버드비즈니스스쿨에서 발행한 비즈니스리뷰의 기고 논문 〈전략이란 무엇인가?(What Is Strategy?)〉를 통해서 '유일(unique)'하고 '가치 있는 위치(valuable position)'를 만들어 내는 것이라고 답한다. 즉, 전략은 조직의 포지션을 정하는 것이다. 조직의 사업적 위치를 명확하게 하되, 유일하게 해야 한다는 것이다. 모두 품질 개선, 공정 개선을 하면 잠시 좋은 결과를 얻을 수 있지만 금세 경쟁기업이 모방하며 따라오기 때문에 위치를 점유하는 데 효과가 없다며 80년대 승승장구했던 일본 기업의 사례를 들어 조언한다.

그는 전략의 핵심은 남들과 '다른 자리'를 차지하는 데 있고, 그 자리가 쉽게 모방하기 힘든, 지속가능한 자리여야 한다고 한다. 우리 회사만의 독특하고 지속가능한 위치가 어디인지를 탐색하는 것이야말로 전략 수립의 핵심 내용이라는 것이다.

그리고 전략을 세운다는 것은 무엇을 포기할 것인가를 묻는 과정, 즉 '무엇을 하지 않을 것인가'를 결정하는 것이라고 강조한다. 오직 트레이드 오프를 통해서만 유니크한 위치를 만들어 낼 수 있으며, 오래 그 위치를 유지할 수 있기 때문이다.

포터는 회사가 제공하는 제품과 서비스, 목표로 하는 고객층을 좁히고 어디를 포기할 것인가를 결정해야 한다고 하면서 '우리는 어떤 회사인가'를 결정하는 게 아니라 '우리는 어떤 회사가 아닌가'를 결정하는 것이 전략의 본질이라고 힘주어 강조한다.

단순하지만 이것은 매우 어려운 결정이다. 어느 조직이나 모든 것을 다 잘하고 싶고 모든 것을 다 잘할 수 있다고 생각하기 때문이다. 하지만 포터는 그것이 조직에 있어 가장 위험한 함정이라며 저가 항공사의 대명사인 사우스웨스트 항공의 사례를 들어 설명한다.

저가 항공사가 고객에게 '저가격'이란 차별적인 가치를 제공하기 위해서는 무엇이 필요한가? 수요가 많은 단거리 노선에 집중하고, 일등석이나 기내식 같은 고비용 서비스를 포기하거나 유료화하며, 보잉 737 같은 연료 효율이 높은 항공기를 운항하고, 수화물 연결 서비스를 제한하며, 지상 대기시간을 최소화해 항공기의 가동률을 높이는 것 등과 같은 여러 상호 연계된 활동들의 집합이 필요하다. 즉 경쟁사와 다른 차별적 가치를 제공하기 위해서는 다른 활동이 필요하며, 그것도 한두 가지 활동이 아니라 '상호 관련된 활동들 간의 집합'이 필요한 것이다. 이와 같은 모든 활동들이 전략적으로 선택된 위치에 맞게 조화되어 있어야 한다. 조직화된 활동으로 뒷받침되어 있지 않은 포지셔닝은 마케팅 슬로건에 불과하기 때문이다.

이러한 노력을 통해 매력적인 위치를 차지한 것을 경쟁회사가 그냥 지켜볼 리 없다. 베스트 프랙티스는 삽시간에 확산되기 때문이다. 그렇다면 경쟁사로부터 조직의 포지션을 지킬 수 있는 방법은 무엇인가? 무엇이 지속가능한 전략적 위치를 가능하게 할까?

마이클 포터는 조직이 목표로 하는 것 외에는 깨끗이 포기해야 하는 트레이드 오프(trade off)와 경영자원을 특정 분야

(segment)에 집중하고 있는 것에 한걸음 더 나가서 전략적 적합성 (strategic fit)을 요구한다.

전략적 적합성은 모든 활동들이 복잡한 기어처럼 서로 맞물려 있는 것을 의미한다. 마케팅, 생산관리, 인적자원관리, 회계, 재무 등 모든 활동이 전략적으로 선정된 특정 위치에 맞게 서로 얽혀 있어야 한다. 개별적으로 맞춤화되어 있어야 할 뿐만 아니라 서로 강하게 어우러져 있어야 하며 그것이 경쟁사의 모방을 차단한다는 것이다.

앞서 예를 든 사우스웨스트 항공의 전략이 매력적으로 보여 단거리만 운항하는 또 다른 비즈니스 모델을 만들고자 하는 항공사가 있다면 이 항공사는 결국 사우스웨스트 항공의 거의 모든 것을 베끼지 않고는 모방이 힘들다는 것을 깨닫게 된다. 노선 설계, 직원 교육, 티켓팅 시스템, 항공기 유지관리 등 모든 것이 맞물려서 사우스웨스트 항공이 목표로 하고 있는 고객의 니즈를 충족시키고 있기 때문이다.

이러한 전략적 적합성은 각 활동들이 일관성이 있어야 함은 물론이고, 서로 상승작용을 불러일으켜야 하는데 제3부의 주제인 HLS를 활용한 통합경영시스템 구축 및 운영의 목적이 바로 이러한 전략적 적합성을 고도화하는 데 있다.

## 경영시스템 반영 전략 과제 선정

MAGIS는 그들의 미션, 가치, 비전을 실현하기 위해 일정한 주기에 따라 〈그림 3-8〉과 같이 내외부 환경 변화를 모니터링하고 분석한다. 이러한 전략 분석을 통해 〈그림 3-9〉와 같이 새로운 전략을 수립하거나 기존의 전략을 조정한다.

미션, 가치, 비전이 명확해지고 이를 실현하기 위한 전략이 수립되어 수행해야 할 활동이나 전략 과제가 정의되었다면 이제 HLS 기반 통합경영시스템 구축을 위한 본격적인 첫 걸음을 뗄 준비가 된 것이다. 우선 수립된 전략 내용을 검토하여 경영시스템을 통해 체계적으로 정립하고 구조적으로 관리되어야 할 활동이나 전략 과제가 무엇인지를 결정해야 한다.

MAGIS는 〈그림 3-10〉과 같이 경영시스템을 통해 실행·관리되어야 할 우선적인 전략 과제로 '글로벌 공급사슬의 경쟁력 확보'를 선정하였다. 이때 선정 기준은 경영시스템을 통한 실행 및 관리의 효과성과 해당 전략 과제의 비중으로 하였는데 조직의 상황에 따라 적합한 기준을 융통성 있게 적용할 수 있다. 경영시스템 반영 대상 전략 과제의 수는 최소한으로 할 것을 권고한다. 한 개의 전략 과제라도 관리하기 위해서는 경영시스템 전반에 걸친 폭넓고 다양한 관리방안이 수립·운영되어야 하기 때문이다.

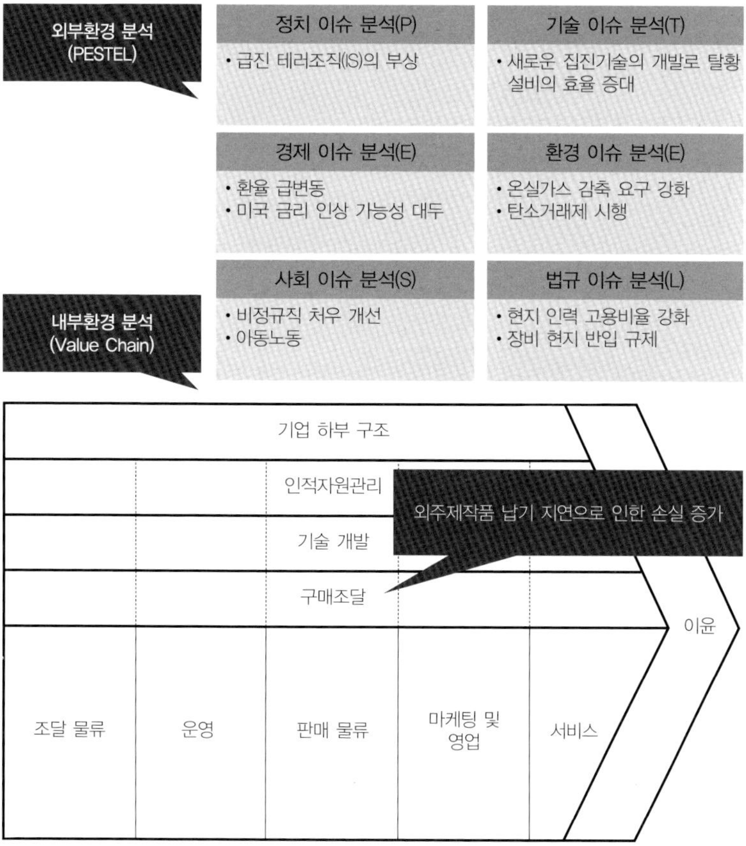

**외부환경 분석 (PESTEL)**

| 정치 이슈 분석(P) | 기술 이슈 분석(T) |
|---|---|
| • 급진 테러조직(IS)의 부상 | • 새로운 집진기술의 개발로 탈황 설비의 효율 증대 |
| **경제 이슈 분석(E)** | **환경 이슈 분석(E)** |
| • 환율 급변동<br>• 미국 금리 인상 가능성 대두 | • 온실가스 감축 요구 강화<br>• 탄소거래제 시행 |
| **사회 이슈 분석(S)** | **법규 이슈 분석(L)** |
| • 비정규직 처우 개선<br>• 아동노동 | • 현지 인력 고용비율 강화<br>• 장비 현지 반입 규제 |

**내부환경 분석 (Value Chain)**

| 기업 하부 구조 | | | | | |
|---|---|---|---|---|---|
| 인적자원관리 | | | | | |
| 기술 개발 | | | | | 외주제작품 납기 지연으로 인한 손실 증가 |
| 구매조달 | | | | | |
| 조달 물류 | 운영 | 판매 물류 | 마케팅 및 영업 | 서비스 | 이윤 |

- 경쟁사와 비교해서 자신의 능력과 성과를 분석하고 산업 트렌드와 대비해 조직의 포지셔닝을 고찰하는 등 내외부 경영환경에 대한 종합적인 분석 실시

〈그림 3-8〉 전략 분석

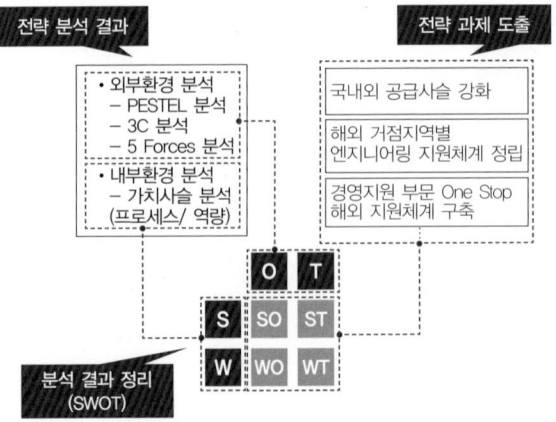

- 기업의 경쟁우위는 특정 자원이나 개별적인 활동으로 획득되는 것이 아니라 여러 연관된 활동들의 전체 시스템에서 창출됨. 따라서 조직 구성원 모두가 회사의 전략 방향을 명확하게 인식하고 이를 일상 업무 수행에서 행동으로 전환해야 함

〈그림 3-9〉 전략 수립의 예

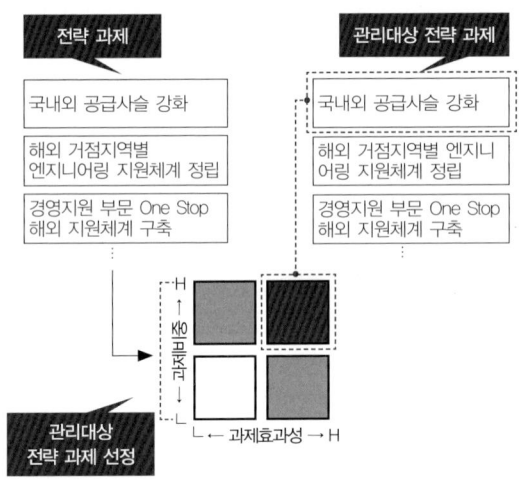

- 수립된 전략 내용을 검토하여 경영시스템을 통해 체계적으로 정립하고 구조적으로 관리되어야 할 활동이나 전략 과제가 무엇인지를 결정함

〈그림 3-10〉 관리대상 전략 과제 선정

**제3장**

# 2단계: 내외부 이슈와 이해관계자의 요구 및 기대 파악

## • 전략 분석 결과 확인

'내외부 이슈와 이해관계자의 요구 및 기대 파악'은 조직의 통합경영시스템 구축을 위한 HLS의 첫 번째 요구사항이다. 그리고 이 내용은 앞서 살펴본 '조직의 목적 및 전략 방향의 이해' 중 '전략 분석(내외부환경 분석) 단계'와 동일하다. 하지만 굳이 별도의 단계로 구분해 놓은 이유는 HLS가 다루고 있는 원래의 요구사항을 충실하게 이해하도록 하기 위한 것이다. 또한 HLS에서는 생략되었지만 조직 내에서 반드시 수행되어야 할 선행 업무들을 구체적으로 살펴봄으로써 보다 최적화된 통합경영시스템을 구축하는 데 도움이 되기 때문이다.

'내외부 이슈와 이해관계자의 요구 및 기대 파악'은 HLS 기반 통합경영시스템 구축을 위해 전략 수립 시 실시한 내외부환경 분석과는 별개로 추진하는 업무가 아님을 명확히 인식하여야 한다. 다만 전략 분석 단계에서 파악한 관련 이슈의 내용이 미흡한 경우에는 추가적으로 깊이 있는 현황 조사와 분석을 실시할 수 있다.

특히 내부 이슈의 경우에는 관련된 인원에 대한 인터뷰, 각종 실행 데이터 등을 수집 및 검토하여 깊이 있는 프로세스 분석을 실시, 보다 객관적이고 구체적으로 상황을 파악할 수 있도록 해야 한다. 이를 향후 리스크통제 방안 수립 시 반영하도록 한다.

● 내외부 이슈와 이해관계자의 요구 및 기대 파악

MAGIS에서 경영시스템을 통해 실행 및 관리하고자 선정한 전략 과제는 '글로벌 공급사슬의 경쟁력 확보'이다. 이는 〈그림 3-11〉과 같이 '외주제작품 납기 지연으로 인한 손실 증가'라는 내부 이슈와 직접적인 관련이 있다.

이는 가치사슬 분석, 즉 내부 업무 프로세스에 대한 분석을 통해 파악한 것이다. 〈그림 3-12〉에서와 같이 납기 지연 원인별 현황을 세부적으로 분석한 결과, 품질문제로 인한 재작업이 47%로 전체의 절반 정도를 차지하였고, 협력업체의 생산 CAPA 파악 미흡이 20%, 협력업체에서 발생한 안전 및 환경사고로 인한 것이 17%이며, 나머지 16%는 해외 발주분에 대한 제작관리

미흡에 기인한 것이었다. 분석 시 실시한 관련자 인터뷰 등을 통해, 사업수행 부서를 중심으로 이러한 문제점을 해결하기 위해서는 '품목별로 차별적인 구매관리'와 실적 평가 중심의 기존 협력업체 관리에서 성장 가능한 협력업체를 발굴하고 키워나가는 적극적인 '육성 중심의 공급생태계 조성'이 반드시 필요하다는 내부 이해관계자의 요구와 기대사항도 파악하였다.

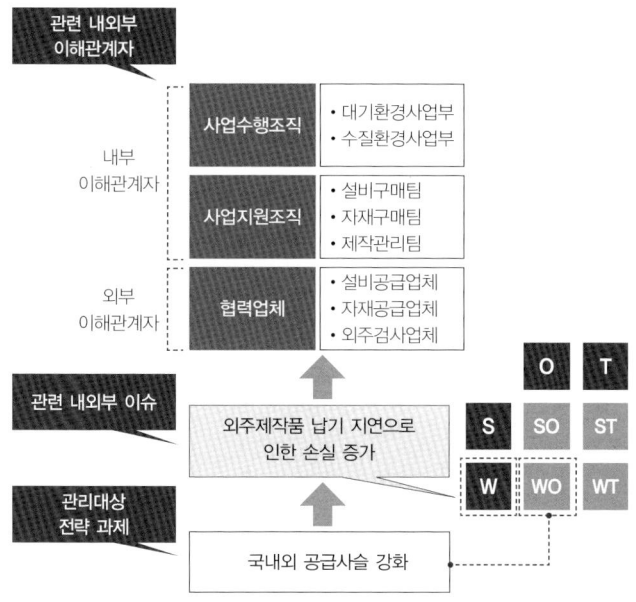

- 경영시스템을 통해 실행 및 관리하기로 선정한 전략 과제와 관련된 내외부 이슈를 확인하고 해당 이해관계자를 파악

〈그림 3-11〉 내외부 이슈 및 이해관계자 파악

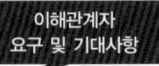

| 사업수행조직 | • 대기환경사업부<br>• 수질환경사업부 | • 사업 대상 지역별 업체 확보<br>• 긴급 오더 및 추가 물량 대응능력 필요 |
|---|---|---|
| 사업지원조직 | • 설비구매팀<br>• 자재구매팀<br>• 제작관리팀 | • 품목별 차별적인 구매관리 필요<br>• 협력업체 발굴/육성/관리 업무 부재 |
| 협력업체 | • 설비공급업체<br>• 자재공급업체<br>• 외주검사업체 | • 적정 단가 및 물량 보장<br>• 적정 납기 확보<br>• 자재 소요 정보 조기 공유 |

관련 내외부 이슈 분석 결과

외주제작품 납기 지연으로 인한 손실 증가

외주제작품 납기 지연 원인별 현황
• 품질문제로 인한 재작업(47%)
• 협력업체 생산 CAPA 파악 미흡(20%)
• 협력업체 안전 및 환경사고 발생(17%)
• 해외 발주분 제작관리 미흡(16%)

• 관련 내외부 이슈별 이해관계자의 요구사항 및 기대사항을 파악하며 필요 시 프로세스 분석을 통해 문제점 및 원인을 심층적으로 조사

〈그림 3-12〉 이슈별 이해관계자 요구 및 기대 파악

**제4장**
# 3단계: 리스크 평가

　국제표준화기구가 경영시스템 표준의 기본 틀로 제시하는 HLS의 핵심은 리스크 관리이다. 지금까지 파악한 내외부 이슈와 이해관계자의 요구 및 기대사항도 조직의 목적 달성에 영향을 미치는 리스크가 무엇인지 정의하기 위해서이며, 이렇게 정의된 리스크를 효과적으로 관리할 수 있도록 경영시스템을 구현하는 것이 HLS 기반 통합경영시스템이다.

　이는 모든 분야의 경영시스템 표준에서 공통적으로 적용되는 것인데, 어떠한 분야의 경영시스템이라도 조직의 목적이나 전략적 방향에 부합하도록 하기 위함이다. 즉 환경경영시스템을 구축하기 위해 환경 측면을 파악하고 제품에 대해 LCA(Life Cycle Analysis)를 실시하는 것도, 안전보건경영시스템의 위험성분석도, 관리대상 리스크에 대한 파악 결과에서 출발해야 한다. 이를 통해 조직의 전략과 경영시스템이 정렬(Alignment)되어 조직의 목적 달성에 일사불란하게 움직여야 한다.

## ● 리스크 파악[35]

리스크 평가 단계는 조직에 어떤 리스크가 있는지를 파악(identification)하는 것에서부터 시작한다. 리스크 파악은 조직의 목적 달성을 증진, 방해, 저하, 가속 또는 지연시킬 수 있는 사건에 대한 포괄적인 목록을 생성하는 것이다. 이 단계에서 파악되지 않은 것은 다음 분석 단계에 포함되지 않기 때문에 포괄적으로 파악하는 것이 매우 중요하다.

리스크의 근원이 조직의 통제 하에 있건 그렇지 않건, 혹은 근원이나 원인이 명확하지 않은 리스크라고 하더라도 리스크 파악 시 포함되어야 한다. 그리고 리스크 파악은 파급 및 누적 효과(cascade & cumulative effect), 특정 결과의 지속 효과(knock-on effect) 등을 감안하며, 무엇이 발생할지를 파악하는 것뿐만 아니라, 모든 중요한 원인과 결과를 고려하여야 한다. 이와 같은 리스크 파악을 위해서는 직면한 리스크의 유형에 적합한 리스크 파악 수단 및 기법을 적용하여야 한다. 리스크 유형에 따라 기업

---

35 고재민, '리스크도 포트폴리오로 관리하라', 〈동아비즈니스리뷰〉, Vol 6, 2008, p.26

의 대응 방안과 리스크 관리 운영 방식이 달라지기 때문이다. 반드시 리스크 유형을 구분하고 이를 토대로 리스크 파악이 수행되어야 한다.

그러면 리스크는 어떻게 구분할 수 있을까? 기업의 리스크에 대해 학자나 기업마다 서로 다르게 구분한다. 하지만 리스크 유형을 구분하는 데에도 일반적으로 통용되는 기준이 있다. 바로 통제 가능성(controllability)과 예측 가능성(predictability)이다. 기업이 통제할 수 있는 내부 프로세스상에서 발생하는 리스크를 '운영 리스크(operation risk)', 기업이 통제 불가능한 외부적인 원인으로 인해 발생하는 리스크를 '비즈니스 리스크(business risk)'로 구분한다. 그리고 비즈니스 리스크는 다시 예측 가능성을 기준으로 두 가지로 나눈다. 첫째는 기업을 둘러싼 법규, 경쟁자, 공급자, 고객 등 합리적으로 예측할 수 있는 경영 환경상의 문제로 인해 발생하는 리스크이며, 둘째는 재해, 전쟁, 테러와 같이 사전에 예측하기 어려운 사건, 사고로 인하여 발생하는 리스크다.

먼저 비즈니스 리스크 중 경영 환경상의 변화로 인해 발생하는 리스크는 사전에 정보를 수집하고 변화 발생 추이를 예측한 뒤 전략을 수정해 대응하는 '전략 중심의(strategy-oriented) 리스크 관리'를 수행해야 한다. 반면 자연재해, 전쟁 등으로 발생하는 리스크에 대해서는 주로 사건 발생 후의 피해를 최소화하는 '사업연속성계획(BCP, Business Continuity Plan)'이나 '재해복구계획(DRP, Disaster Recovery Plan)', '비상계획(Contingency Plan)' 등 위기관리에 초점을 맞춘 관리가 필요하다.

마지막으로 내부적으로 통제 가능한 운영 리스크는 조직을 정비하고 프로세스를 효율적으로 구축하며 구성원의 역량을 끌어올리는 등 내부 통제(internal control) 혹은 감사 중심(audit-oriented)으로 리스크 관리를 수행한다.

리스크를 파악하는 방법으로는 워크숍, 브레인스토밍, 인터뷰, 설문조사, 프로세스 분석, 손실 사례 분석 등이 있는데 이러한 리스크 방법의 결정 역시 주로 리스크의 유형에 따라 달라진다. 통제 불가능한 외부 원인으로 인해 생기는 비즈니스 리스크를 알아낼 때는 내부뿐만 아니라 외부 인사들을 대상으로 워크숍, 브레인스토밍, 인터뷰를 실시해야 한다. 외부 인사들을 선정할 때는 애널리스트, 산업 전문가, 시민단체 관계자, 정책 담당자, 고객, 협력업체 등 기업과 관련한 모든 관계자들을 포함하는 것이 좋다. 듀폰(DuPont)과 월마트는 직면한 리스크를 파악하기 위해 정기적으로 워크숍을 연다.

반면 운영 리스크를 식별할 때에는 주로 기업 내부의 실무자들을 대상으로 한 인터뷰, 업무 프로세스 분석, 손실 사례 분석 등을 활용하는 것이 효과적이다. 여기서는 특히 발생 가능한 리스크를 나열하는 데 그치지 않고 각 리스크 간의 인과관계까지 파악해 보는 것이 중요하다. 개별 리스크의 유기적 관계를 입체적으로 파악함으로써 어떤 리스크 요인이 전사 목표 달성에 애로사항으로 작용할지를 한눈에 파악할 수 있기 때문이다.

이렇게 유형별로 정리된 분석대상 리스크 후보군에 대해 조직의 전략과의 연계성을 기준으로 분석대상 리스크를 선정한다. 분석대상 리스크 선정 시에는 각각의 개별 리스크가 아닌 가장 관련성 있는 리스크군 전체를 대상으로 하는 것이 효율적이다. MAGIS 역시 〈그림 3-13〉와 같이 리스크를 크게 전략 리스크, 재해 리스크, 운영 리스크로 구분하는데, 경영시스템을 통한 관리대상 전략과제인 '글로벌 공급사슬의 경쟁력 확보'와 관련된 리스크는 운영 리스크 중 구매 리스크가 분석 대상 리스크에 해당된다.

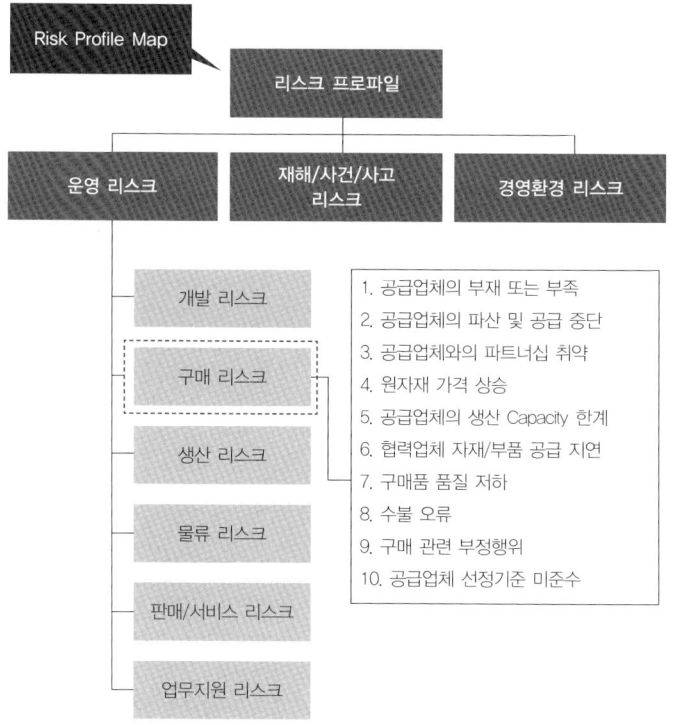

- 미리 정립된 리스크 프로파일에서 내외부 이슈와 이해관계자 요구, 기대사항과 연관된 리스크를 파악하고 필요 시 리스크 추가

〈그림 3-13〉 리스크 파악

## • 리스크 분석 및 결정

분석 대상이 결정되면 〈그림 3-14〉와 〈그림 3-15〉와 같이 본격적으로 어떤 리스크가 중요한지를 분석·평가하여, 관리대상 리스크를 결정하는 과정을 거치게 되는데, 이는 제한된 리스크 관리 자원을 중요한 곳에 우선적으로 배치하기 위해서다. 리스크의 평가는 모든 분석 대상 리스크에 대한 영향 정도와 예상 발생 빈도를 기준으로 평가한다.

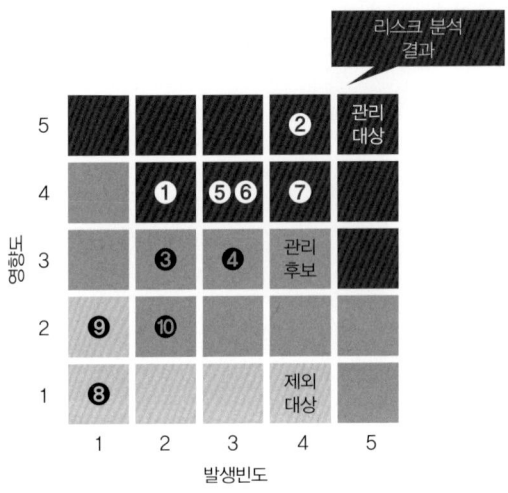

• 분석 대상 리스크에 대해 영향 정도와 예상 발생빈도를 기준으로 평가

〈그림 3-14〉 리스크 분석

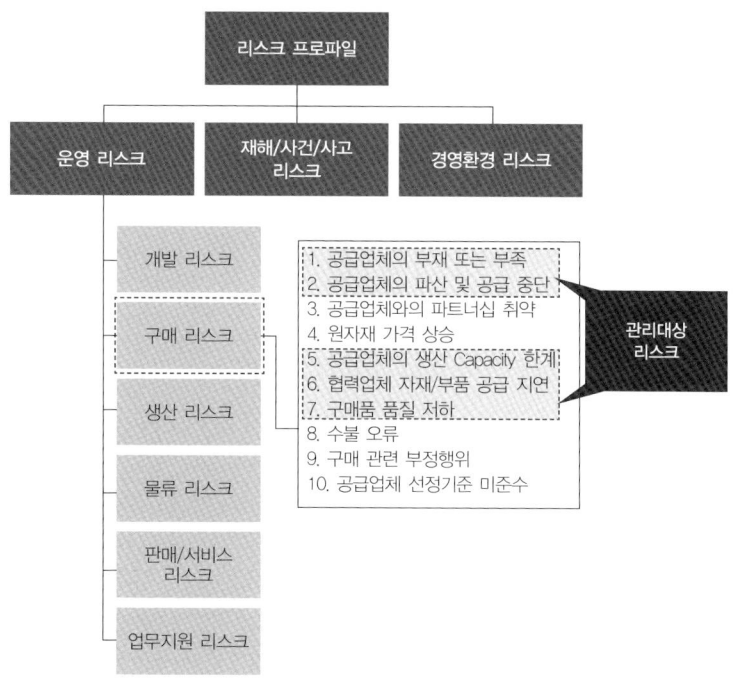

- 리스크 분석 결과를 토대로 관리대상 리스크를 결정하며 관리대상에서 제외된 리스크인 경우에도 정기적으로 관리 필요 여부 확인

〈그림 3-15〉 리스크 결정

**제5장**

# 4단계: 리스크 통제 방안 수립

　이 단계는 관리대상으로 결정된 리스크를 경영시스템을 통해 어떻게 통제할 것인지 원칙과 방안을 수립하는 단계이다. 이 단계에서 수립된 리스크 통제 원칙과 방안은 조직의 경영시스템에 대한 설계도의 역할을 하는 가장 중요한 기준이 되며 이를 토대로 경영시스템은 명확한 방향성을 갖게 된다. 즉 경영시스템을 통해 관리되어야 하는 리스크 통제 원칙과 방안이 무엇인지 조직 구성원 전체가 정확하게 인식하고 행동하도록 하는 등대의 기능을 하는 것이다.

## • 리스크 통제 방향 결정

리스크 통제 원칙과 방안 수립을 위해서 우선적으로 해야 할 것은 〈그림 3-16〉과 같이 관리대상 리스크에 대한 근본 원인을 파악하고 검토하는 것이다. 동시에 관리대상 리스크와 관련된 내외부 이슈와 이해관계자의 요구사항에 대해서도 면밀히 검토해야 한다. 특히 프로세스 운영 현황이나 인적자원의 적격성 등 조직의 경영시스템 현황으로 살펴본 내부 이슈와 이해관계자의 요구사항에 대해 파악한 결과는 보다 직접적인 해답을 제공하는 것으로, 필요 시 심층적으로 조사하여 관리 및 통제 원칙과 그 방안 수립에 참고하도록 한다.

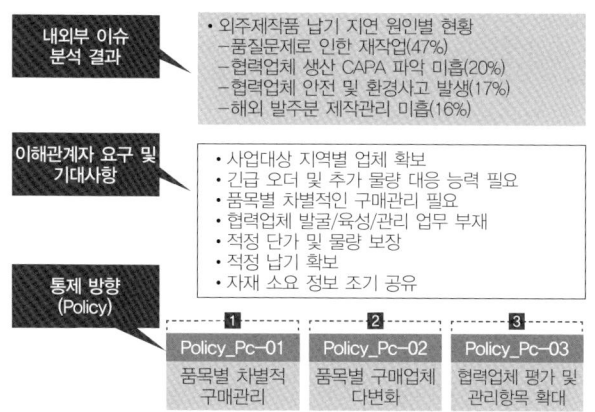

- 관련 이슈 분석결과와 해당 이해관계자의 요구 및 기대사항을 반영하여 관리대상 리스크에 대한 통제 방향, 즉 방침 또는 정책(Policy)을 수립함
- Policy(방침/정책): 최고경영자에 의해 공식적으로 표명된 조직의 의도 및 방향이며, 직접적으로 실행 가능(directly enforceable)하지 않고 반드시 규칙(Rule)을 통해서만 구체적으로 실천됨

〈그림 3-16〉 리스크 통제 방향 결정

## ● Rule Cascading 및 Rule Package 구축

관리대상 리스크에 대한 근본 원인을 토대로 이슈 분석결과와 해당 이해관계자의 요구 및 기대사항을 반영한 통제 원칙, 방안을 〈그림 3-17〉과 같이 방침(Policy)과 규칙(Rule)으로 구분하여 구성한다.

방침은 사전적 의미로 최고경영자에 의해 공식적으로 표명된 조직의 의도 및 방향을 의미하며, 직접적으로 실행 가능(directly enforceable)하지 않고 반드시 규칙을 통해서만 구체적으로 실천될 수 있다는 특성을 지닌다.

규칙은 리스크를 통제하기 위해 정의된 방침을 구체적으로 실행하기 위해 만들어진 것으로, 실질적으로 조직 구성원의 업무를 지배 및 가이드한다. 또한 규칙은 다층적인 위계(Hierarchy)를 지니고 상호 연계되어 존재한다. 즉 통제되어야 할 사안에 대해 기준이나 지침을 필요한 만큼 구체적으로 제시하도록 한다는 것이다.

그리고 모든 규칙은 '반드시 준수', '선승인', '사후승인', '사후설명', '참고사항' 등과 같이 적용 강제 수준(enforcement level)을 구분하고 이를 적용하여야 한다. 이는 모든 규칙에 대해 일괄적으로 '반드시 준수'라고 규정할 경우, 실무적으로 변화무쌍한 상황에 효과적으로 대처하지 못하고 괴리되어 사문화되는 것을 방지하기 위한 것이다.

일반적으로 이렇게 정의된 방침과 규칙의 집합을 'Rule Set'

또는 'Rule Package'라고 부르며, Rule Set이나 Rule Package를 만드는 과정을 Rule Cascading이라 한다. 이는 경영검토 등을 통하여 관리대상 리스크와 함께 정기적으로 적용되고 유효한지에 대해 점검하고 조정하여야 한다. 또한 방침과 규칙이 적용되는 프로세스에 대해서도 함께 적용성과 유효성을 확인해야 한다.

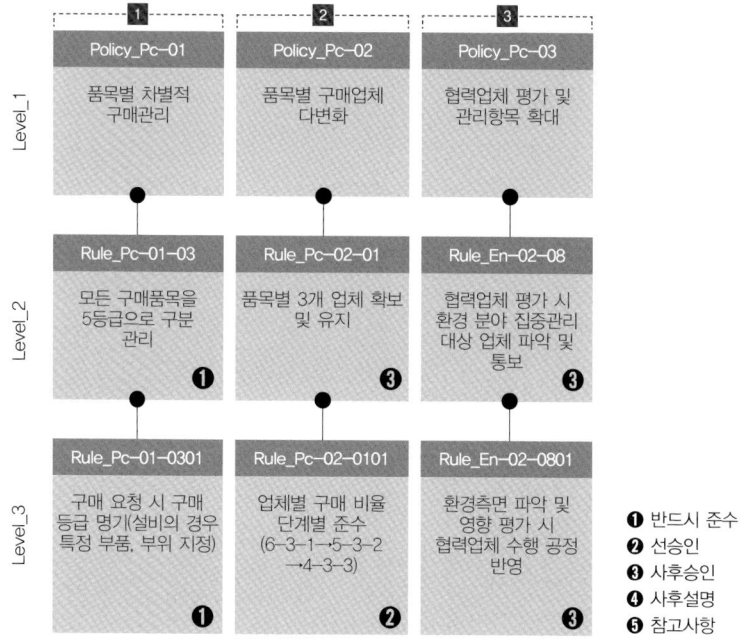

- 규칙(Rule): 리스크를 관리·통제하기 위해 정의된 방침을 실행하기 위해 만들어진 것으로, 실질적인 조직 구성원의 업무를 지배 및 가이드하며 다층적인 위계를 지니고 상호연계됨
- 규칙 강제 수준 결정: 모든 규칙은 반드시 준수, 선승인, 사후승인, 사후설명, 참고사항으로 강제 수준을 구분하여 적용함

〈그림 3-17〉 Rule Cascading 및 Rule Package 구축

제6장

# 5단계: 리스크 통제 방안 경영시스템 반영

　수립된 리스크 통제 방안을 경영시스템에 반영하여 경영시스템 전체를 통해서 리스크 발생을 구조적으로 예방하고 긍정적인 측면의 기회를 극대화하는 것이 이번 단계의 목적이다. 조직 입장에서는 HLS 기반 통합경영시스템 구축 작업이 본격적으로 진행되는 단계라고 할 수 있을 만큼 많은 업무가 수행되어야 한다.

● 통합경영시스템 설계

　수립된 리스크 통제 방안의 집합체인 'Rule Package'를 토대로 〈그림 3-18〉과 같이 경영시스템의 적용범위와 정립 대상 경영시스템 분야를 결정한다. 이때 경우에 따라 경영시스템을 통해 관리되어야 할 범위가 조직의 범주를 벗어나 외부공급자에 의해 수행되는 업무 프로세스를 포함할 경우, 경영시스템의 설계부터 실행 및 관리에 이르기까지 전 단계에 걸쳐 조직에 의해 관리 통제될 수 있도록 해당 공급자와 계약 시 이를 보장하는 제도적 장치를 마련해야 한다. 또한 환경, 안전보건, 정보보호, 에너지 등 다양한 분야의 경영시스템 표준의 적용이 필요한지 여부를 검토하고 〈그림 3-19〉와 같은 종합적인 통합경영시스템의 청사진을 작성한다.

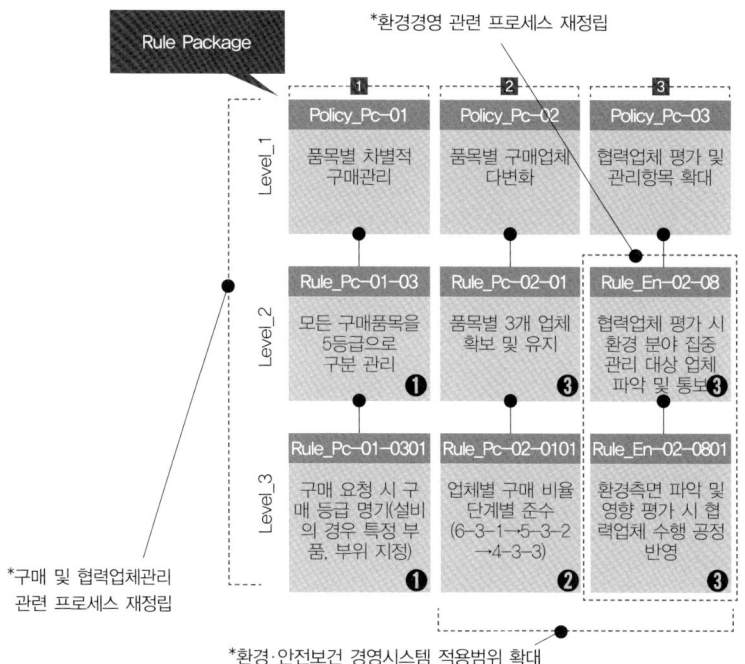

• Rule Package를 토대로 경영시스템 적용범위와 정립 대상 경영시스템 분야를 결정함

〈그림 3-18〉 경영시스템의 적용 범위 및 분야 결정

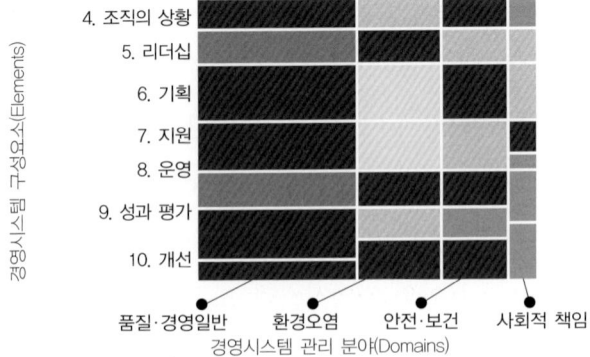

- 분야별 경영시스템 구축 및 경영시스템 표준 도입 계획
  - 품질: ISO 9001_ 금년 내 인증 전환, 주요 해외사업장 적용 확대
    ASME NQA-1 갱신(KEPIC 동시 추진)
  - 환경: ISO 14001_ 금년 내 인증 전환, 외주제작공정 확대
    ISO 14031_ 환경성과관리체계 도입
  - 안전·보건: ISO 45001_ 표준 확정 시 인증 전환, 외주제작공정 확대
  - 정보보호: ISO/IEC 27001_ 신규 도입
  - 사업연속성: ISO 22301_ 신규 도입
  - 사회적 책임: GRI G4_ 신규 도입-지속가능경영보고서 발행
    UN Global Compact 가입
- HLS 기반 경영시스템 프레임워크인 SystemBlock을 활용하여 조직에 최적화된 통합 경영시스템의 청사진을 제작

〈그림 3-19〉 경영시스템 청사진 작성

## ● 통합경영시스템 구축 및 실행

### 관련 프로세스의 파악

경영시스템의 적용범위와 정립 대상 경영시스템 분야가 결정되면 이를 토대로 신규로 개발해야 할 프로세스와 개정 대상 프로세스를 파악한다.

만약 조직의 프로세스가 파악되지 않은 경우라면 가장 시급하게 추진해야 할 일이 조직의 업무 프로세스를 정의하는 것인데 여기서 경영시스템에 대한 문서화 결과, 즉 절차서나 지침서의 목록이나 품질매뉴얼에 포함시키는 ISO 요구사항으로 구성된 다이어그램 형태의 경영시스템 구조도가 프로세스라고 오해하는 경우가 있다. 뿐만 아니라 PI(Process Innovation)라는 프로세스 중심의 경영혁신 작업을 몇 년 동안 추진한 대기업들마저 프로세스의 구성 현황에 대한 파악 또는 정의가 미흡한 실정이다.

그러면 본질적인 측면에서 조직의 프로세스를 파악한다는 것은 무엇인가? 이에 대한 답을 찾기 위해 현대 경영에 있어서 프로세스라는 주제를 전면에 등장시킨 주인공인 마이클 해머를 안내자로 초대한다. 마이클 해머는 '비즈니스 리엔지니어링'의 창시자이며, 〈비즈니스위크〉가 꼽은 세계 4대 경영이론가, 〈타임〉이 꼽은 '가장 영향력 있는 미국인 25인'에 선정된 바 있는 경영이론의 슈퍼스타이다. 1993년에 출간되어 미국에서만 250만 부 이상 팔린 그의 첫 저서인 〈리엔지니어링 기업혁명〉에서 소개한 프로세스에 대한 이론을 통해 알아보도록 하자.

그는 프로세스의 특성으로 눈에 보이지 않고 이름도 없으며 이 때문에 사람들은 개별 부서를 떠올릴 뿐 그들이 관여하고 있는 프로세스에 대해 생각하지 않는다고 하였다. 그리고 전체 프로세스의 실행을 책임지는 사람이 없기 때문에 프로세스를 잘 다루기 위한 가장 우선적으로 해야 할 것은 프로세스의 정체성을 한 번에 파악할 수 있도록 이름을 붙이는 것이라고 강조한다.

프로세스의 이름은 프로세스의 시작에서 끝까지 수행되는 모든 작업을 나타내도록 하여야 하는데, 자재를 입력물로 하여 제품을 산출물로 만들어내는 활동은 '생산' 혹은 '제조' 프로세스가 아니라 '구매와 선적 프로세스'라고 불리어야 한다는 것이다. 즉, 제품 개발 활동은 '개념 설계에서 시제품', 판매 활동은 '판매 예측에서 주문', 주문실행 활동은 '주문부터 지불', 서비스 활동은 '문의에서 해결'로 명명되어야 한다는 것이다.

또한 해머는 프로세스의 구성 현황을 한 눈에 파악할 수 있도록 시각화하는 것에 대해 〈그림 3-20〉과 같은 텍사스인스트루먼트 반도체사업부의 프로세스 구성도를 통해 설명한다. 이 그림은 텍사스인스트루먼트의 반도체 분야 상위 수준 프로세스맵을 약간 단순화시킨 것으로 다음과 같은 몇 가지 특징적인 요소가 있다고 설명한다.

텍사스인스트루먼트 반도체사업부 프로세스 구성도를 통해서 해머가 전달하는 첫 번째 메시지는 일반적인 예상과는 달리 프로세스의 구성이 단순하다는 것이다. 25년 전 매출이 4조 규모인 텍사스인스트루먼트 반도체사업부의 프로세스가 약 72개 정도의 프로세스로 정의된다는 것인데 이는 오늘날 PI 또는 프로세스 자산화를 통해 정의하는 프로세스의 개수보다 상대적으로 적은 수라 할 수 있다. 이는 고객 관점에서 가치를 창출하는 일련(End to End)의 활동을 프로세스로 정의했기 때문이다. 인사, 총무, 법무, 홍보 등 조직 내의 각종 경영지원 기능들을 프로세스가 아닌 단위 업무로 파악한 것이다. 그리고 해머는 가장 상위 레벨의

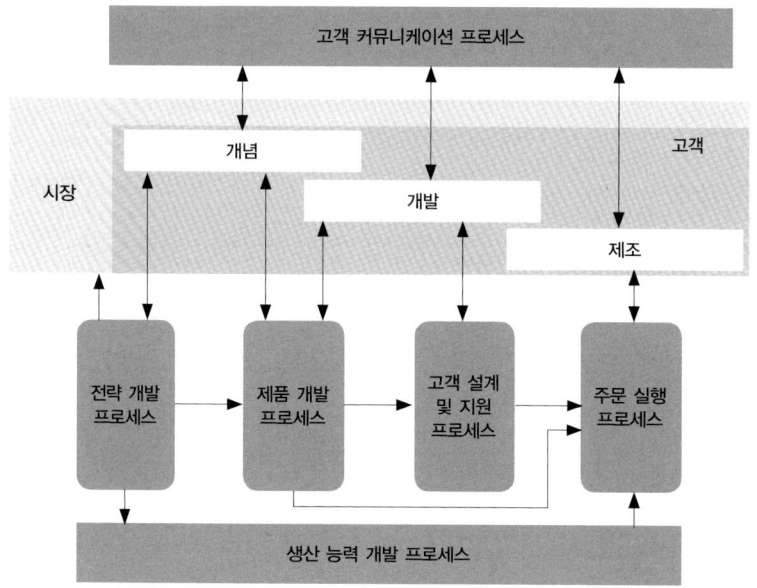

〈그림 3-20〉 텍사스인스트루먼트 반도체사업부 프로세스 구성도(Process Overview)[36]

6개 프로세스에 대해 하나씩 설명을 하고 있다.

텍사스인스트루먼트 반도체사업부의 최상위 프로세스는 전략 개발, 제품 개발, 고객 설계 및 지원, 생산 능력 개발, 고객 커뮤니케이션, 주문 실행으로 구분되며 각각의 프로세스는 투입(input)을 산출(output)로 변환시킨다.

전략 개발 프로세스는 시장에 대한 이해를 입력으로 하여 사

---

[36] 마이클 해머, 제임스 챔피 저, 안중호, 박찬구 역, 〈리엔지니어링 기업혁명〉, 마이클 해머, 김영사, 1993, p.166

업 전략을 산출물로 변환시키며, 제품 개발 프로세스는 사업 전략을 입력으로 새로운 제품 설계에 착수한다. 텍사스인스트루먼트의 사업라인 중 일부는 특정 고객을 위해 일반 제품 설계를 맞춤화해야 한다. 고객 설계와 지원 프로세스는 표준 제품 설계와 고객의 요구사항을 투입해 검증된 제품 설계를 산출해낸다.

텍사스인스트루먼트의 프로세스 중 조금 생소하게 느낄 수 있는 프로세스가 있는데 '생산 능력 개발'과 '고객 커뮤니케이션' 프로세스가 그것이다. 생산 능력 개발 프로세스는 전략을 투입으로 해서 공장을 산출물로 내놓는다.

그리고 고객 커뮤니케이션은 고객의 요청과 질의를 투입해 텍사스인스트루먼트의 제품에 대한 높아진 관심과 통합된 대응을 산출물로 내놓는다. 마지막으로 주문 실행은 기업이 이익을 내는 분야이다. 주문 요청, 제품 디자인, 공장이라는 투입을 제품으로 산출해 고객에게 전달한다.

해머가 텍사스인스트루먼트의 프로세스 구성도에서 주목해야 할 두 번째, 세 번째 그리고 네 번째 포인트는 고객과 시장, 그리고 이들 간의 관계이다. 이는 2000년부터 품질보증시스템에서 품질경영시스템으로 환골탈태한 ISO 9001 품질경영시스템 표준의 핵심인 프로세스 접근 모델(Process Approach Model)을 통해서 접한 비교적 익숙한 구성요소라고 할 수 있다.

이는 프로세스의 핵심 개념이 조직의 업무에 대해 수직적인 기능 관점이 아니라 고객 중심의 수평적 관점을 견지하는 것이기 때문이다. 바로 해머는 ISO 9001과 같이 프로세스는 고객에서 시작하여 고객에서 끝나는 것을 철저하게 명심하라고 강조하고 있다.

기업의 프로세스 구성도에서 일반적으로 볼 수 있는 생산과 판매 프로세스가 보이지 않는 것이 해머가 지적한 다섯 번째와 여섯 번째 포인트이다.

일반적으로 생산과 판매 프로세스는 조직의 가장 핵심적인 프로세스라고 손꼽는데 텍사스인스트루먼트 반도체사업부의 프로세스 구성도에서는 볼 수 없다. 이에 대해 해머는 생산 및 판매 프로세스 모두 고객의 주문이 투입(input)되고 생산된 칩이 산출(output)인 주문 실행 프로세스의 하위 구성요소, 즉 보조 프로세스(Sub Process)이기 때문이라고 설명한다. 조직의 모든 프로세스를 철저히 고객을 위한 가치창출의 도구로 인식해야 한다고 강조한다.

지금까지 해머가 소개한 '올바른 프로세스 이름 붙이기'와 '텍사스인스트루먼트 반도체사업부 프로세스 구성도 사례'를 통해 프로세스를 파악한다는 것을 한마디로 정의하면 '고객과 시장에 대한 이해'를 토대로 '어떠한 활동들이 필요하고 어떻게 구성되어야 하는지'를 인식한다는 것이다.

이러한 근본적인 질문에 대한 답으로서 조직의 프로세스가 정의되어야만 제대로 된 프로세스 파악이라고 할 수 있다. 이 때문에 조직의 프로세스는 같은 업종의 기업들 사이에서도 고객 및 시장에 대한 전략적 방향성에 따라 프로세스의 구성이 다를 수 있으며 달라야만 한다.

**리스크 통제 방안의 프로세스 반영**

이렇게 정의된 조직의 프로세스 중 리스크를 통제하기 위해 수립된 'Rule Package'와 관련된 프로세스를 〈그림 3-21〉과 같이 파악하거나 새롭게 정의하고, 프로세스에 Rule Package를 반영한다. 프로세스에 Rule Package를 반영한다는 것은 〈그림 3-22〉와 같이 해당 프로세스가 정해진 Rule(업무 규칙)에 따라 실행되도록 구조화한다는 것을 의미하며 Rule이 관련 규정이나 절차서 등에 포함되도록 개정하거나 제정하는 것으로 나타난다.

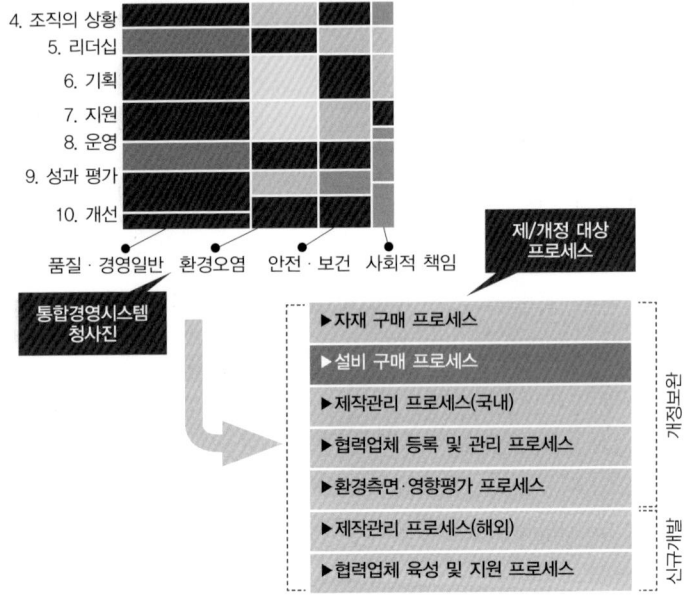

- 통합경영시스템의 청사진을 토대로 제정 또는 개정 대상 프로세스를 파악

〈그림 3-21〉 프로세스 파악

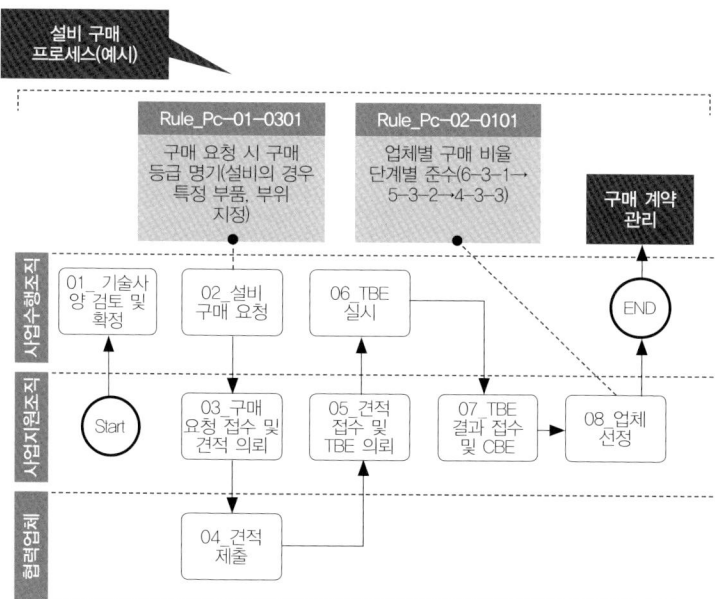

・제정 또는 개정 대상 프로세스에 Rule Package 구축 결과 반영

〈그림 3-22〉 Rule Package 반영

## 필요 자원 파악 및 준비도 측정

Rule Package와 관련된 기존의 프로세스든 해당 Rule을 이행하기 위해 새롭게 정의된 신규 프로세스든, 파악된 모든 프로세스가 효과적으로 수행되기 위해서는 〈그림 3-23〉과 같이 필요 자원(자산)을 파악하여야 한다. 필요 자원에는 정보시스템이나 물리적인 환경도 포함하는데 가장 우선적으로 파악해야 할 자원은 인적 자원이다.

왜냐하면 지식 자원이나 정보시스템 같은 인프라도 인적 자원의 업무수행에 요구되는지의 여부에 따라 결정되기 때문이다. 즉, 인적 자원은 해당 프로세스가 수행되는 데 있어 주된 업무를 담당하는 인원의 역할로 정의하며, 지식 자원과 정보시스템 등의 인프라는 이러한 인적 자원의 업무수행에 필수적인 지식과 정보시스템 기능이다.

• 제정 또는 개정 대상 프로세스가 효과적으로 수행되기 위해 필요한 자원(자산) 파악

〈그림 3-23〉 필요 자원 파악

필요 자원에 대한 파악이 완료되면 〈그림 3-24〉와 같이 필요 자원에 대한 준비도를 측정한다. 준비도의 측정은 Rule Package와 관련하여 파악되거나 새롭게 정의된 프로세스가 효과적으로 수행할 수 있는 필요 자원의 양적, 질적 수준을 최소한으로 정하고 현재의 자원 확보 현황을 비교하여 측정한다.

자원 준비도에 대한 측정 결과가 조직이 목표한 수준에 미달할 경우, 이를 보완하기 위한 개선 계획을 수립하여 추진하거나 기존의 관련 사업계획에 반영하도록 한다.

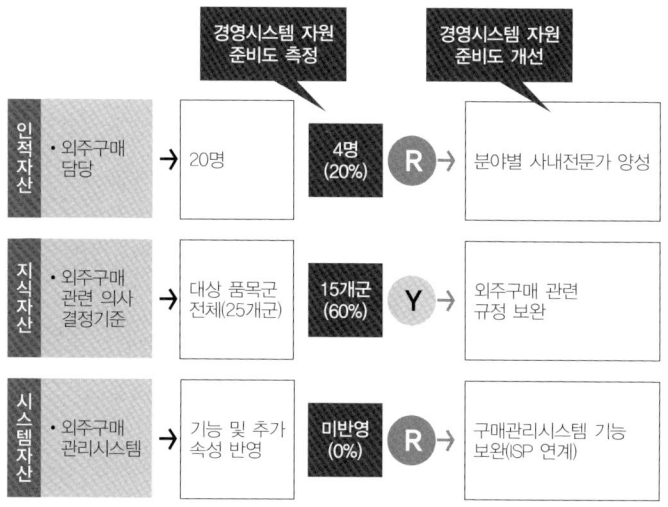

• 필요 자원 요소(자산)에 대한 준비도 측정 및 개선 활동 수행

〈그림 3-24〉 자원 준비도 측정/개선

● 통합경영시스템 평가 및 개선

구축된 통합경영시스템이 리스크의 발생을 구조적으로 예방하고 긍정적인 측면의 기회를 극대화하는 데 기여하고 있는지의 여부를 확인하고, 문제점을 식별하고 개선하기 위해서 〈그림 3-25〉와 같은 경영시스템 평가 및 개선 체계를 수립하고 운영한다.

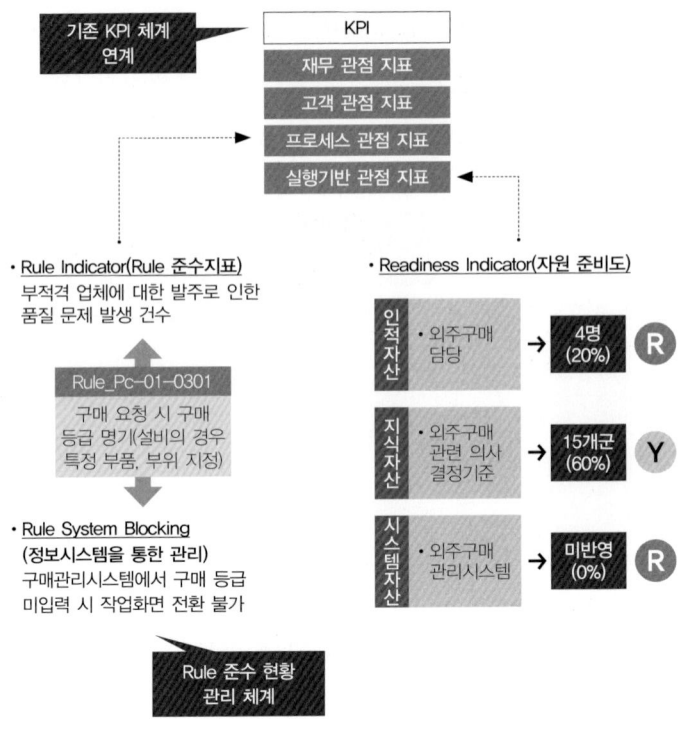

- Rule 준수 현황관리 체계 구축(System Blocking, Rule Indicator)
- Rule 준수 지표와 자원 준비도 기존 성과측정체계(KPI)에 연계 관리

〈그림 3-25〉 모니터링 및 측정

## Rule 준수 현황 관리 체계 구축

　경영시스템 평가 및 개선 체계 중 우선적으로 다루어야 할 것은 Rule 준수 현황 관리 체계이다. Rule 준수 현황 관리 체계는 수립된 Rule이 반드시 준수될 수 있도록 구조적인 장치를 만드는 것에 초점을 맞추어 구축되어야 한다. 이를 위해서 정보시스

템을 통해 Rule 준수를 강제화하는 방안(System Blocking)이 있다. 이 방법은 ERP 등 업무수행을 정보시스템으로 대부분의 처리하는 일정 규모 이상의 기업에 효과적인 방안이라고 할 수 있다. ERP와 같이 패키지화된 솔루션인 경우에는 해당 시스템의 설정 기능(System Configuration)을 활용하는 방법과 별도의 개발을 통해서 통제하는 방법이 사용된다. 국내의 모그룹에서는 'Process Governance'라는 명칭으로, PI(Process Innovation) 결과를 정착시키기 위한 후속작업으로 추진되기도 하였다.

정보시스템으로 통제할 수 없는 관리 분야나 항목이 존재하거나 정보시스템을 갖추지 못한 기업에서는 Rule 준수 여부를 확인할 수 있는 모니터링이나 측정 체계를 구축하여 운영한다. 즉 Rule 준수 여부에 대한 관리지표를 설정하여 운영한다는 것이다. 이러한 Rule 준수 현황 관리체계 구축은 자연스럽게 조직의 성과관리 체계에 대한 재정립과 연결된다.

이처럼 조직 내의 추가적인 제도 재정립을 통해 Rule 준수를 보장하는 다양한 장치를 강구하기도 하지만 〈그림 3-26〉과 같이 기존의 경영시스템 관리 체계를 적극 활용하는 것도 효과적인 방안이다. 기존의 관리 체계를 활용하는 것으로 대표적인 것이 내부심사와 경영검토를 들 수 있다. 내부심사와 경영검토는 조직의 경영시스템 운영 수준을 알 수 있는 대표적인 경영시스템 관리활동이다. 내부심사는 체크리스트에 Rule Package를 반영하고, 경영검토는 검토 항목에 Rule 준수 현황을 포함하도록 한다. 특히 경영검토 수행 시에는 관련 내외부 이슈의 동향을 파

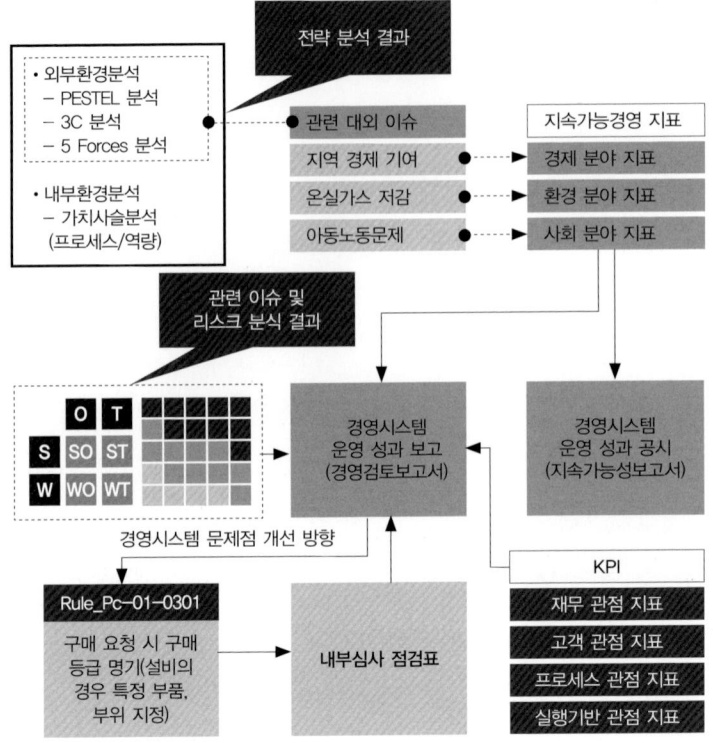

- 내외부 이슈 파악 결과는 지속가능경영 성과 공시에 연계
- Rule Package 내부심사 점검표 연계 및 개선안 Rule Package 반영

〈그림 3-26〉 개선 및 피드백

악하고 관리대상 리스크 및 기회와 연계 여부를 확인하여, 필요 시에는 리스크 및 기회에 대한 영향도 평가를 재실시하거나 영향도 평가 대상을 추가한다. 그리고 내부심사 및 경영검토 결과 개선사항에 대해 Rule Package에 반영하도록 조치한다.

# 부록 1
# FAQ

부록 1
# FAQ

## • 부속서 SL을 지원하기 위한 JTCG FAQ

(JTCG Frequently Asked Questions in support of Annex SL)

---

**소개**

이 부속서 SL에 대한 FAQ는 ISO/TMB/TAG 13-JTCG에 의해 개발되었다. 왜냐하면 부속서 SL에는 기본 구조, 동일 본문, 공통 용어 및 핵심 정의를 담고 있기 때문이다. FAQ에 기술되어 있지 않다면, '부속서 SL' 용어의 사용에 대해 'SL, 9'와 '부록 2', '부록 3'의 내용을 참조하기 바란다.

---

## 1. 누가 부속서 SL의 개발을 시작했나?

2006년 2월 10일 '경영시스템표준에 대한 ISO 기술관리이사회 Ad hoc 그룹 보고서'를 보면, 기술관리이사회(TMB)가 현 경영시스템 표준의 향후 편집 계획과 신규 경영시스템 표준을 위한 향후 비전 및 가이드라인을 개발하는 경영시스템 표준에 관한 공동기술조정그룹(TAG13-JTCG 또는 JTCG)을 구성하였다.

## 2. 누가 부속서 SL 개발에 참여하였나?

ISO 기술관리이사회의 기술자문그룹 13인으로 구성된 '경영시스템 표준에 공동기술조정그룹(또는 JTCG)'이 부속서 SL을 만들었다. 경영시스템표준 개발에 참여한 모든 ISO 기술위원회(TC), 프로젝트위원회(PC), 분과위원회(SC)의 간사기관(의장 또는 간사)은 JTCG에 참여할 것을 요청받았다. 이 요청에 응하여 경영표준(경영시스템 표준과는 반대되는) 개발에 참여한 다른 ISO 기관 또한 참여할 것을 요청받았다. JTCG는 부속서 SL 및 그 부록을 개발하기 위한 수많은 태스크포스를 만들었다. 이 태스크포스는 JTCG에 참여한 TC/PC/SC 출신의 전문가로 구성되었다.

## 3. 부속서 SL의 역사적 배경은 무엇인가?

경영시스템 표준 사이에 공통성을 향상하고 요구사항 상충을 피하기 위한 작업은 1990년대에 MSS(그 당시 ISO 9001 품질경영시스템과 ISO 14001 환경경영시스템)와 함께 두 ISO 위원회 사이에서 시작되었다. 초점은 '호환성'을 달성하는 데 맞춰졌고, MSS의 개별 용어 그룹은 용어와 정의를 통합하였다.

각 위원회는 공통 요구사항의 호환성을 향상시키기 위하여 각 작업반에 연락회원을 지정하였다. 같은 시기에 위원회는 표준심사를 위하여 공동작업반(JWG)을 만들었다. JWG는 성공적으로 심사 표준들을 통합하였고 ISO 19011을 발행하였다.

2000년 초반 사용자 피드백에 대한 대응으로, ISO 9001 및

ISO14001 표준의 더 나은 정렬을 향상하기 위하여 MSS위원회 사이에 공동직무반(Joint Task Group)을 만들었다. 공동 비전과 기본 구조가 개발되었지만 그 시기에 MSS 작업항목 확산을 제안하였고, 품질 및 환경을 넘어 모든 ISO MSS 활동을 포함하기 위해 공동직무반을 확장하자는 요구가 있었다. ISO 기술관리이사회(TMB)는 두 개의 기술자문위원회(MSS에 관한 공동기술조정그룹 TAG 13/JTCG, MSS에 관한 전략자문위원회인 감독기관)를 만들었다.

JTCG는 MSS에 동일 구조, 동일 요구사항, 공통 용어 및 핵심 정의 집합의 현재 비전을 향상시키는 사전 작업을 하였다. Draft Guide 83이라 불리는 이 작업의 결과는 TMB의 승인 하에 2011년에 회원기관에서 투표하였고, 2012년 부속서 SL로써 ISO 기술작업지침서 안에 Guide 83을 포함하였다(타당성조사에 대한 ISO Guide 72의 본문 개정에 따라). 이과 함께 모든 MSS 분야로 심사 범위를 확장하기 위해 ISO 19011을 개정하였다.

### 4. 부속서 SL의 비전은 무엇이었나?

모든 ISO 경영시스템 '요구사항' 표준이 정렬될 것이고, ISO는 다음 사항을 향상시켜 이들 표준의 호환성을 증가하도록 할 것이다.

- 동일한 조항 제목(identical Clause titles)
- 동일한 조항 제목의 순서(identical Sequence of clause titles)
- 동일한 본문(identical Text)
- 동일한 용어와 정의(identical Terms and definitions)

## 5. 부속서 SL의 목표는 무엇인가?

부속서 SL의 목표는 통합되고 합의된 기본 구조, 동일 핵심 본문과 공통 용어 및 핵심 정의를 제공하여 현재 또는 향후의 ISO MSS의 일관성과 정렬을 향상시키는 것이다.(SL 9.1 조항 참조)

- 부속서 SL은 '시스템 접근'을 의미하는, 시스템 전체 기능에 상호 의존하는 요구사항의 집합을 정의한다.
- 부속서 SL은 어떻게 달성하여야 하는지(how it should be achieved)가 아니라, 무엇을 달성하여야 하는지(what has to be achieved)를 정의한다.
- 부속서 SL은 요구사항을 구체화한다. 조직이 부속서 SL을 실행하는 순서나 요청에 대한 가정은 없다. 특정 조항에 모든 활동은 다른 조항의 활동이 시작되기 전에 완료되어야 한다는 가정은 없다.
- 부속서 SL은 요구사항을 달성하는 방법에 대한 특정 모델을 규정하거나 의미하지 않는다.
- 부속서 SL은 단어 반복을 피하고 일반 영어를 사용하는 목적으로 쓰였다.
- 부속서 SL은 이해관계자를 개별적, 구체적으로 다루기 위해 4.2 조항에서 4.1 조항을 의도적으로 분리하였다.
- 부속서 SL은 링크를 보여주기 위하여 상호 참조하여 사용했다.
- 부속서 SL은 순서 또는 요청에 대한 가정을 피하기 위해 글머리 기호를 의도적으로 사용했다. 표준 저자가 원한다면, 그들은 상징으로써 글머리 기호 대신 a), b) 등을 사용할 수 있다.
- 부속서 SL은 대부분 일반적 접근에 있는 용어 이면의 개념을 설명한 단어를 찾는 것을 목적으로 정의하였다. 프로세스는 ISO 704: 2009(용어 작업-원리와 방법)에 정의를 만들기 위해 ISO 요구사항을 사용하였다. 분야별 특정 표준에서 의미를 설명하고 완성하기 위해 참고를 추가할 수 있지만, ISO 기술작업지침서에 따른 용어

참조가 규정이며 요구사항을 포함할 수 없다는 것을 알아야 한다.

## 6. 부속서 SL의 예상 사용자는 누구인가?

부속서 SL의 예상 독자는 경영시스템 표준 개발에 참여한 ISO 기술위원회(TC), 분과위원회(SC) 및 프로젝트위원회(PC), 관련 작업반이다.

## 7. 조화(harmonization)에 어떤 편익이 있나?

조직이 여러 경영시스템을 실행하고 운영할 경우, 서로 다르고 때로는 상충되는 요구사항, 용어, 정의에 종종 직면하게 된다. 부속서 SL은 두 개 이상의 경영시스템 표준의 요구사항을 동시에 만족시킬 수 있는 단일(때로 통합이라 불리는) 경영시스템을 운영하기로 한 조직에게 특히 유용할 것이다.

## 8. HLS 및 동일 본문의 유연성은 무엇인가?

부속서 SL은 TC/PC/SC가 그들의 분야별 특정 MSS 개발에 추가되고 수립할 필요가 있는 MSS의 핵심 구조이다. TMB는 표준 저자가 그들의 분야별 특정 MSS를 작성할 시 유연성이 필요할 수 있다는 것을 알게 되어, TMB는 향후 MSS(신규 또는 개정)가 원칙적으로 부속서 SL을 따르고 표준 저자가 상세한 근거와 함께 TMB에 보고한다는 전제 하에 오차를 허용할 것을 결정하였다. SL 9.3 조항은 비적용에 대한 더 많은 세부사항을 제공한다. TC/SC/PC가 비적용성을 피하기 위하여 노력하기 때문에 분야별 특정 본문과 하위조항의 추가에서 유연성은 부속서 SL 사용에 관한 규칙에 포함시킨다.

a) 조항 구조: 하위조항을 구조 안의 어떤 위치에 추가할 수 있고, 그 다음 하위조항의 번호를 다시 부여할 수 있다. 기본 구조의 이름을 바꾸고, 삽입하고, 다시 만드는 것은 안 된다.

b) 동일 본문: TC/SC/PC는 기본 구조 및 동일 본부 내에 어떠한 위치에서도 조화에 영향을 미치지 않고 동일 본문, 공통 용어 및 핵심 정의의 목적에 상충되거나 훼손하지 않는 분야별 특정 본문을 추가할 수 있다. 추가 예는 다음을 포함한다.
   − 신규 글머리 기호 포인트
   − 분야별 특정 설명 본문
   − 신규 단락
   − 부록 2에 기존 요구사항을 향상시키는 본문
   TC/SC/PC는 동일 본문에 특정 분야별 본문을 추가하여 요구사항이 반복되지 않게 한다.
c) 동일 본문 삭제: 부속서 SL의 동일 본문을 삭제하거나 대체하지 않는 것이 좋다. 이것이 잠재적으로 조화에 영향을 미치거나 그 목적이 상충되거나 훼손될 수 있기 때문이다. 그러나 TC/SC/PC가 동일 본문, 공통 용어 및 핵심 정의를 MSS 내에 적용할 수 없는 특별하거나 예외적인 상황이 파악된다면, 그때 그 근거를 TMB에 통보하여야 한다.(SL 9.3 조항 참조)

## 9. 특정 분야 본문에서 부속서 SL 공통 본문을 구별하는 것이 가능한가?

기술위원회는 초안 작성 동안 다른 색상으로 작업하여 부속서 SL 공통 본문을 구별할지의 여부를 결정할 수 있다.

## 10. 왜 공통 본문에 '예방조치'에 관한 특정 조항이 없는가?

기본구조와 동일 본문에는 '예방조치(preventive action)' 요구사항을 명시한 조항이 포함되지 않는다. 이것은 공식 경영시스템의 주요 목적 중 하나가 예방적 도구의 활용이기 때문이다. 결과적으로 MSS는 그 목적과 관련되고 4.1 조항의 예상 결과를 달성하며, XXX 경영시스템의 예상 결과(6.1 조항 내 원치 않는 영향을 방지하거나 줄이거나 지속적으로 개선하는). 달성을 보장하기 위하여 리스크와 기회를 결정하는 능력에 영향을 미치는 조직의 외부 및 내부 문제를 평가하여야 한다. 이들 두 세트의 요구사항(4.1 조항과 6.1 조항)은 예방조치의 개념을 포함하므로, 리스크와 기회를 보는 안목이 넓어질 것으로 보인다.

## 11. 왜 '프로세스 모델' 또는 'PDCA' 모델을 부속서 SL의 구조에 사용하지 않았나?

부속서 SL의 부록 3을 개발하면서 기존 경영시스템 표준을 검토하였지만 많은 모델이 사용되고 있어서 어떤 모델도 채택하지 않았다. 부속서 SL은 예상 결과를 달성하기 위하여 상호작용하고 상호 관련된 집합으로 PDCA 사이클 개념 및 관리 프로세스의 개념을 포함하였다. 부속서 SL은 경영시스템 표준에 통합된 모델을 배제하지 않는다.

## 12. 어떻게 리스크를 다루는가?

TC/SC/PC는 MSS 범위에서 리스크 주제를 다룬다(경영시스템 자체가 비효율적인 리스크 및 그들의 분야 관련 리스크). 각 분야는 공식적인 '리스크 관리' 접근의 요구를 명확히 하여야 한다.

## 13. 왜 '문서화된 정보'를 '문서화' 또는 '기록'을 대신하여 사용하나?

최신 기술을 반영하여 표준이 업데이트된다. 요즘은 데이터, 문서화 및 기록을 전자적으로 처리하기 때문에 신규 용어인 '문서화된 정보'는 이 상황을 반영하여 만들어졌다. 문서화된 정보는 문서화, 문서, 문서화된 절차 및 기록의 개념을 포함한다.

## 14. 왜 '절차'에 대한 참조가 없나?

절차에 대한 요구사항을 정의하는 것이 아니라 해야 하는 것에 대한 개별 요구사항을 만들기 위하여 부속서 SL을 작성했기 때문이다. 절차 요구는 특정 분야에 해당되고, TC/SC/PC가 MSS 내에서 다루기로 결정하였다.

## 15. '결정하다'와 '파악하다'의 차이점은 무엇인가?

용어는 일반 영어에서 서로 바꿔 쓸 수 있지만, '파악하다'는 식별을 위하여 무언가 표시해 두는 것으로 착각할 수 있기 때문에 해석적 문제가 있을 수 있다. '결정'은 무엇인가를 표시하는 것을 의미하는 '파악'보다는 평가(assessment)의 의미가 강하다. 사전적 정의는 다음과 같다.

- **결정하다**(determine): 조사, 시험 및 계산으로 명확하게 만들거나 찾는 것(establish or find out with certainty by research, examination or calculation)
- **파악하다**(identify): 무엇 또는 누군가의 정체성을 확립하는 것 (establish the identity of something or somebody)

## 16. 왜 '최고경영자'와 '조직'에 대한 요구사항 사이에 명확한 차이가 있는가?

경영시스템의 성공은 최고경영자의 리더십과 실행의지에 달려있지만 최고경영자가 경영시스템 내 모든 활동을 수행할 수 없다. 그래서 '조직'에 다른 역할을 부여하는 작업이 필요하다.

### 17. '최고경영자는 ~보장하여야 한다'는 의미는 무엇인가?

최고경영자는 조직에게 부여된 활동이 만족스럽게 완료되는 것에 책임이 있다는 의미이다.

### 18. 4.1, 4.2, 6.1 및 8.1 조항은 어떻게 연결되나?

이해관계자의 관련 요구사항(4.2)에 따라 결정된 외부 및 내부 이슈(4.1)는 조직 요구사항을 결정하고(4.3), 조직의 경영시스템을 계획하고(6.1), 이러한 요구사항을 달성하기 위하여 필요한 통제 활동을 결정하기(8.1) 위한 지식 기반을 만들었다.

### 19. '이슈(issue)'는 무엇을 의미하나?

'이슈'는 '논쟁 및 토론을 위한 문제, 또는 변화하는 상황에 대한 중요한 주제(an important topic for the organization, problems for debate and discussion, or changing circumstances)'이다. 이 용어는 사전적 정의(예를 들어, 옥스퍼드 영어 사전)를 참조하여 부속서 SL 동일 본문에 사용되었다.

### 20. 'stakeholder'와 'interested party'의 차이는 무엇인가?

stakeholder는 많은 언어에서 해석적 문제가 있기 때문에 예전부터 경영시스템 표준은 interested party를 사용하였다. stakeholder는 해석상 더 넓은 의미이기 때문에 몇몇 MSS는 그 용어를 채택하였다. 두 용어는 서로 바꿔 쓸 수 있지만 interested party가 더 선호된다.

### 21. 이해관계자는 조직 상황의 일부인가?

이해관계자는 조직 상황의 일부이다. 하지만 단지 관련된 이해관계자 및 그들의 관련 요구사항(조직에 의해 수용됨으로써)은 경영시스템 실행을 위하여 고려된다. '조항 4 조직의 상황'은 3개의 파트로 분리된다.
- 첫 번째 파트(4.1): 조직을 위해 중요한 외부 및 내부 문제 처리하기
- 두 번째 파트(4.2): 중요한 이해관계자 및 관련 요구사항 처리하기
- 세 번째 파트(4.3): 두 개의 이전 파트를 고려하고 경영시스템 범위를 정의한 조직에 관한 것

## 22. '적용 가능한 경우(as applicable)'와 '적절하게(as appropriate)'의 차이는 무엇인가?

사전적 정의는 다음과 같다.

- **적용 가능한**(applicable): 관련된, 적절하게, 적용이 가능한(relevant; appropriate; possible to apply)
- **적절한**(appropriate): 적합한(suitable(for, to))

대부분의 경우 '적절한'은 자유의 정도를 의미하는 반면, '적용 가능한'은 할 수 있으면 하여야 한다는 것을 의미한다.

## 23. 본문은 '결정하다' 또는 '이슈'를 사용하였는데 4.1 조항의 제목은 '이해'와 '상황'으로 썼다. 왜 그런가?

이해하기 위해서는 먼저 당신이 평가하여야 하는 것이 무엇인지를 찾아야 한다(In order to understand you first have to find out what it is you need to evaluate). 여기에서 평가는 연관성(relevance), 달성하기 위한 능력 등을 고려하여야 한다. 그것을 알고 있다면, 조직 및 상황의 이해를 위한 기초를 가지고 있는 것이다.

## 24. 경영시스템 상황 내에 '요구사항' 용어의 의미는 무엇인가?

부속서 SL 내 요구사항은 3.03 조항에 있다. 경영시스템의 상황상 조

직이 요구사항을 준수하기로 결정하면 요구사항은 강제사항이 된다. 강제사항은 필수적인 요구사항(적용 가능한 법, 규범과 같은) 또는 자발적 헌신(산업 표준과 코드(ISO MSS를 포함한), 계약적 관계, 좋은 지배구조 원칙, 소속된 지역사회 및 윤리 표준)에서 나올 수 있다. 4.2 조항은 조직이 4.3 조항 내에 채택하기로 한 관련 이해관계자의 요구사항을 결정하기 위한 프레임워크를 제시한다. MSS는 다른 관련 이해관계자의 요구사항뿐만 아니라 특정 요구사항을 포함한다. 결국 조직은 MSS 또는 여타 관련 이해관계자가 요구한 요구사항 이상의 내부 요구사항을 자체적으로 부과할 수 있다. 다른 요구사항의 출처에 관하여 몇몇 조항에서 용어 요구사항을 사용한다.

- 4.2, 4.3, 5.2, 6.1, 6.2 조항은 조직에 적용 가능한 관련 이해관계자의 요구사항을 의미한다.
- 4.4, 5.3, 9.2 조항은 경영시스템 표준(MSS) 요구사항을 의미한다.
- 5.1, 7.3, 8.1, 9.2 조항은 조직의 경영시스템 요구사항을 의미한다.

MSS에 혼란을 피하기 위해 표준 저자는 부속서 SL에 정리된 대로 요구사항을 유지하는 것이 좋고, 요구사항의 정의에서 비고를 사용하거나 차이를 둘 필요가 있으면 그런 경우들을 포함하는 특정 요구사항에 대한 신규 용어와 정의를 만드는 것도 좋다.

## 25. '7.5.3 문서화된 정보'에 '이용 가능한'이란 단어는 어떤 의미인가?

'이용 가능한(available)'이란 단어는 '문서화된 정보에 접근할 필요가 있고, 권한이 부여되거나 관심 있는 모든 사람에게'라는 의미이다.

부록 2

# 개념 문서
## (Concept Document)

## 부록 2
# 개념 문서(Concept Document)

- **부속서 SL을 지원하기 위한 JTCG 개념 문서**

(JTCG Concept document to support of Annex SL)

| 소개 |
|---|
| JTCG 미팅에서 TF4가 개발하고 JTCG가 승인한 첨부된 개념 문서를 찾아라. 편집 사정으로 여기의 부속서 SL 본문은 JTCG N362 제안에 맞춰서 업데이트되지 않은 점에 유의하길 바란다. |

| 원칙 1<br>목표 독자 | 부속서 SL 기반의 MSS 실행을 하는 조직이 아닌 MSS의 표준 개발자 |
|---|---|
| 원칙 2<br>영어의 명확한 이해 | 간단한 본문을 설명할 필요가 없다. 각 문장과 글머리 기호에 대한 개별 설명을 할 필요는 없다. |
| 원칙 3<br>부속서 SL의 의도 반영 | MSS 특정 해석 또는 적용을 포함하지 않고, 오히려 제외하였다. |
| 원칙 4<br>추가사항 | 표준 개발자는 그들의 기술 주제에 맞춰서 분야 특정 MSS에 대한 부속서 SL 요구사항이 충분한지를 평가하고 몇몇 조항에 추가 요구사항을 포함하여야 한다. |

이곳에 ISO 기술작업지침서 부속서 SL 본문을 게재한다. 부속서 SL 본문의 요구사항 개념, 가이던스, 예 또는 해설에 관한 정보가 필요할 경우, 부속서 SL 본문 아래에 표 형식으로 가이던스를 제공한다.

## 소개

**비고** 해당 분야에 한정(Specific to the discipline)

| 요구사항 개념 | 소개는 MSS의 기술 내용과 그 준비 추진의 이유에 관한 구체적인 정보 또는 해설을 제시한다. 소개는 선택적이고 요구사항을 포함하지 않아야 한다. |
|---|---|
| 가이던스, 예, 해설 | ISO/IEC 기술작업지침서 제2부 참조: 국제표준의 구조 및 초안작성을 위한 특정 요구사항, 가이던스 및 예를 위한 규칙 |

## 1. 적용범위

**비고**  해당 분야에 한정

| | |
|---|---|
| 요구사항 개념 | 적용범위 조항은 MSS 주제와 관점이 모호하지 않게 간결하게 정의하는 것이다. 그래서 MSS의 적용가능성과 그것의 특정 부분 한계를 보여준다. 그것은 요구사항을 포함하지 않아야 한다. 이 조항은 경영시스템의 적용범위(4.3 참조)와 혼동하지 않아야 한다. |
| 가이던스, 예, 해설 | ISO/IEC 기술작업지침서 제2부 참조: 국제표준의 구조 및 초안작성을 위한 특정 요구사항, 가이던스 및 예를 위한 규칙 |

## 2. 인용 표준

**비고**  조항 제목이 있어야 한다. 해당 분야에 한정

| | |
|---|---|
| 요구사항 개념 | 인용 표준 조항은 MSS 적용을 위한 참조 문서가 필수적이라는 전제 하에 MSS에 인용된 참조 문서 목록을 제시한다. |
| 가이던스, 예, 해설 | ISO/IEC 기술작업지침서 제2부 참조: 국제표준의 구조 및 초안 작성을 위한 특정 요구사항, 가이던스 및 예를 위한 규칙 |

## 3. 용어와 정의

**비고 1**  조항 제목이 있어야 한다. 용어와 정의는 표준 내에 있거나 별도의 문서에 있다. 공통 용어 및 핵심 정의와 분야별 특정 용어와 정의 참조. 용어와 정의의 배열은 각 표준의 개념 시스템에 따라야 한다. 본 문서의 목적을 위하여, 다음 용어와 정의를 적용한다.

**비고 2**  다음 용어와 정의는 경영시스템 표준에 '공통 본문'의 필수 요소이다. 필요하면 용어와 정의를 추가할 수 있다. 각 표준의 목적을 따라 비고

를 추가하거나 변경할 수 있다.

**비고 3** 정의 안의 이탤릭체는 본 조항에 정의된 다른 용어를 상호 참조한다는 뜻이고, 그 용어의 참조 번호는 괄호 안에 제시된다.

**비고 4** 본문 'XXX'가 본 조항에서 나타날 경우, 이들 용어와 정의가 적용되는 맥락에 따라 적절한 참조를 삽입하여야 한다. 예를 들어, 'XXX 목표'는 '정보보안 목표'로 대체될 수 있다.

| | |
|---|---|
| 요구사항 개념 | 용어와 정의 조항은 MSS 용어를 위하여 공통된 조합 용어의 집합을 제공한다. 게다가 표준 개발자는 분야별 특정 용어(즉, MSS를 이해할 필요가 있는 전문가가 특정 주제 분야에서 사용하는 단어)를 위하여 추가 정의를 제공한다. ISO 기술작업지침서, 제2부, D.1.2 배치와 같이 용어와 정의가 개념 계층에 따라 먼저 만들어져야 한다. 알파벳 순이 가장 선호되지 않는다. |
| 가이던스, 예, 해설 | 이 조항은 문서가 쓰여진 특정 주제 분야의 전문가가 쓴 단어의 정의만 포함하여야 한다(즉, 이 단어들이 MSS를 이해하는 데 필수적인 용어로 불린다). 일반 언어 및 보통 의사소통에서 사용하는 단어는 정의되지 않았다. 이들 단어의 사용 및 의미는 사전 내에서 찾을 수 있기 때문이다.<br>예를 들어, 일반 용어에서 개(dog)는 가정의 개과를 의미하는 것으로 흔히들 이해한다. 그러나 기계공학에서 도그(dog)는 이 분야에서 제한된 매우 구체적인 의미를 갖는다. 전자는 단어(word)이고, 후자의 용어(term)로서 개는 이 분야에서 제한된 매우 구체적인 의미를 갖는다. 전자는 단어이고, 후자는 용어이다. MSS에서 사용되지 않은 용어는 정의될 필요가 없다.<br>용어와 관련 정의는 MSS의 이 조항에 위치할 수 있거나 참조된 문서에 포함될 수 있다. 제안된 사전 참조물은 'ISO/IEC 기술작업지침서 제2부, 6판, 2011년, B.2 언어를 위한 참조 작업'에 정리되었다.<br>용어와 정의 초안작업을 위한 규칙: ISO 기술작업지침서, 제2부, 부속서 D에 있다(단어, 다른 언어 내의 동일 용어의 명칭 또는 리스트와 같은 용어 표준을 위한 특별 규칙과 함께). |

## 3.01 조직(organization)

목표[3.08] 달성을 위하여 책임, 권한 및 관계의 자체 기능을 가진 개인 또는 사람들의 집단

**비고 1** 여기서 조직은 법인 설립 여부와 관계없이 민간 또는 공공 분야의 각종 개인 사업자, 회사, 법인, 업체, 기업, 기관, 조합, 협회, 자선 단체나 기관 또는 이들의 일부나 조합된 상태를 포함하되 이에 국한되지 않는다.

## 3.02 이해관계자(interested part: 선호 용어, stakeholder: 허용 용어)

어떤 결정이나 활동에 영향을 미치거나, 그것의 영향을 받거나, 스스로 영향을 받는다고 인식하는 개인 또는 조직[3.01]

| 가이던스, 예, 해설 | 이해관계자는 다음을 포함할 수 있다<br>- 고객<br>- 지역사회<br>- 공급자<br>- 규제자<br>- 비정부 조직<br>- 투자자<br>- 종업원 |
|---|---|

## 3.03 요구사항(requirement)

일반적으로 묵시적이거나 의무적이라고 표현되는 요구 또는 기대

**비고 1** '일반적으로 묵시적'이라 함은 고려 중인 요구나 기대가 해당 조직과 이해관계자에게는 관습이나 일반적 관행임을 의미한다.

**비고 2** 규정된 요구사항은 예를 들어 문서화된 정보에 명시된 것을 의미한다.

| 가이던스, 예, 해설 | 조직이 요구사항(법적 요구사항 외의)을 채택할 경우, 강제화된다. |
|---|---|

## 3.04 경영시스템(management system)

목표 달성을 위하여 방침[3.07], 목표[3.08] 및 프로세스[3.12]를 수립하기 위한 조직[3.01]의 상호 연관되거나 상호 작용하는 요소의 집합

**비고 1** 경영시스템은 단일 분야 또는 복수 분야를 다룰 수 있다.
**비고 2** 시스템 구성요소로는 조직의 구조, 역할 및 책임, 기획 및 운영이 있다.
**비고 3** 경영시스템의 적용범위는 조직 전체, 조직의 확인된 특정 기능, 조직의 파악된 특정 구역, 또는 여러 조직에 걸친 하나 이상의 기능일 수 있다.

## 3.05 최고경영자(top management)

최고 수준에서 조직[3.01]을 지휘하고 통제하는 개인 또는 사람들의 집단

**비고 1** 최고경영자는 조직 내에 권한을 위임하고 자원을 제공하는 권한을 갖는다.
**비고 2** 경영시스템[3.04]의 적용범위가 조직의 일부에만 해당되는 경우, 최고경영자는 그 조직의 일부만을 지휘하고 통제하는 자를 의미한다.

## 3.06 효과성(effectiveness)

계획된 활동이 실현되고 계획된 결과가 달성되는 정도

## 3.07 방침(policy)

최고경영자[3.05]가 공식적으로 표명한 조직[3.01]의 의도와 방향

## 3.08 목표(objective)

달성될 결과

**비고 1** 목표에는 전략적 목표, 전술적 목표, 또는 운영 목표가 있다.
**비고 2** 목표는 다른 분야(재무, 안전보건, 환경 목표와 같은)와 관련될 수 있

고 다른 수준(전략, 전사, 프로젝트, 제품 및 프로세스[3.12])에 적용할 수 있다.

**비고 3** 목표는 다른 방식으로도 표현할 수 있다. 예를 들어 의도한 결과, 목적, 운영 기준, XXX 목표, 또는 유사한 의미를 지닌 다른 단어(예: aim, goal, target)를 사용할 수 있다.

**비고 4** XXX 경영시스템에서 조직이 특정 결과를 달성하기 위하여 XXX 방침과 일치하는 XXX 목표를 설정한다.

## 3.09 리스크(risk)

불확실성의 영향

**비고 1** 영향이란 예상되는 것(긍정적이든 부정적이든)에서 벗어나는 것이다.

**비고 2** 불확실성은 어떤 사건, 그 결과, 발생가능성에 관한 이해나 지식과 관련하여 부분적일지라도 정보가 부족한 상태를 의미한다.

**비고 3** 리스크는 잠재적 사건(ISO Guide 73:2009, 3.5.1.3에 정의)과 결과(ISO Guide 73:2009, 3.6.1.3에 정의) 또는 둘의 조합을 언급하여 나타내기도 한다.

**비고 4** 사건의 결과(상황의 변화 포함)와 관련된 결과의 발생가능성(ISO Guide 73:2009, 3.6.1.1에 정의)을 조합하여 표현하기도 한다.

| 가이던스, 예, 해설 | 특정 분야 표준은 그들 분야에 한정된 용어에서 '리스크'를 정의할 수 있다. ISO 31000은 몇몇 분야별 특정 표준이 사용할 수 있는(3.09 정의 참조) 리스크의 정의를 제공한다. |
|---|---|

## 3.10 적격성(competence)

지식과 기술을 적용해 의도했던 결과를 달성하는 능력

## 3.11 문서화된 정보(documented information)

조직[3.01]이 통제하고 유지하여야 하는 정보와 그 정보가 들어 있는

매체

**비고 1** 문서화된 정보의 형식, 매체 및 출처는 다양할 수 있다.

**비고 2** 문서화된 정보는 다음에 관한 것일 수 있다.
- 관련된 프로세스[3.12]를 포함한 경영시스템[3.04]
- 조직 운영을 위하여 생성한 정보(문서화)
- 달성된 결과의 증거(기록)

### 3.12 프로세스(process)

입력물을 출력물로 변경하여 변환시키는, 상호 관련되거나 상호 작용하는 활동들의 집합

### 3.13 성과(performance)

측정 가능한 결과

**비고 1** 성과는 정량적이거나 정성적인 결과물과 관련될 수 있다.

**비고 2** 성과는 활동, 프로세스[3.12], 제품(서비스 포함), 시스템 또는 조직[3.01]의 관리와 관련될 수 있다.

### 3.14 외주처리(outsource)

외부 조직[3.01]이 조직의 기능 또는 프로세스[3.12]의 일부를 수행하는 체계를 마련하다

**비고 1** 외부조직은 경영시스템[3.04]의 적용범위 밖에 있지만 외주처리된 기능 또는 프로세스는 적용범위 안에 있다.

| 가이던스, 예, 해설 | 부속서 SL의 목적을 위하여 외주처리된 프로세스는 다음과 같다.<br>- 기능 또는 프로세스는 조직의 기능에 통합적이다.<br>- 기능 또는 프로세스는 경영시스템에 의도된 결과물을 달성하기 위하여 필요하다.<br>- 요구사항과 정합된 기능 또는 프로세스의 책임은 조 |

| | |
|---|---|
| 가이던스, 예, 해설 | 직이 갖는다.<br>— 조직 및 외부 제공자는 통합된 관계를 가진다. 예를 들어, 조직이 프로세스를 수행하는 것으로 이해관계자가 확인한 경우 |

## 3.15 모니터링(monitoring)

시스템, 프로세스[3.12] 또는 활동의 상태를 결정하는 것

**비고** 상태를 파악하기 위하여 확인, 감독 또는 비판적 관찰이 필요할 수 있다.

## 3.16 측정(measurement)

가치를 결정하기 위한 프로세스[3.12]

## 3.17 심사(audit)

심사 기준이 어느 정도까지 충족되는지를 결정하기 위하여 심사 증거를 확보하고 그것을 객관적으로 평가하기 위한 체계적이고 독립적인 문서화된 프로세스[3.12]

**비고 1** 심사는 내부심사(제1자) 또는 외부심사(제2자 또는 제3자)가 될 수 있고, 통합심사(2개 이상의 분야를 결합한)가 될 수 있다.
**비고 2** 내부심사는 해당 조직 자체 또는 외부 당사자가 대신하여 실시한다.
**비고 3** 심사증거 및 심사기준은 ISO 19011에서 정의된다.

| | |
|---|---|
| 요구사항 개념 | 부속서 SL 9.2는 내부심사에 속한다. 부속서 SL은 조직 또는 외부 관계자가 대신하여 내부심사를 수행하는 것을 요구한다. |
| 가이던스, 예, 해설 | 독립성은 심사된 활동의 책임으로부터 자유 또는 편견 및 이해상충으로부터의 자유로 증명될 수 있다. |

| 가이던스, 예, 해설 | 심사 증거는 기록, 사실 기술, 심사 기준 및 검증과 관련된 다른 정보로 구성되고, 심사기준은 심사 증거가 ISO 19011에 정의된 것과 비교한 것과 대비되는 참조물로 사용된 방침의 집합, 절차서 또는 요구사항[3.03]이다.<br>심사 발견사항 및 심사 결론은 심사 결과로써 종합적으로 설명될 수 있다. 심사 발견사항은 심사기준과 대비하여 수집된 심사 증거물의 평가 결과로 구성되고, 심사 결론은 ISO 19011에 정의된 대로 심사 목표 및 모든 심사 발견사항의 고려 후 심사 결과이다.<br>결합 심사(combined audit)는 2개 이상의 심사 기준 또는 표준(예를 들어, 품질, 안전 등)의 집합과 대비되는 조직의 경영시스템의 심사이고 종종 통합심사(integrated audit)로 언급된다. |
|---|---|

## 3.18 적합성(conformity)

요구사항[3.03]의 충족

## 3.19 부적합(nonconformity)

요구사항[3.03]의 불충족

| 가이던스, 예, 해설 | 부적합은 경영시스템 표준에 의해 특정된 요구사항 및 조직에 의해 채택된 요구사항과 관련이 있다. |
|---|---|

## 3.20 시정조치(corrective action)

부적합[3.19]의 원인을 제거하고 재발을 방지하기 위한 활동

| 가이던스, 예, 해설 | 시정조치는 부적합 원인을 제거하기 위하여 행하는 조치이고, 시정은 발견된 부적합을 제거하기 위하여 행하여지는 즉각적인 조치이다. |
|---|---|

### 3.21 지속적 개선(continual improvement)

성과[3.13]를 향상시키기 위한 반복적인 활동

## 4. 조직의 상황
### 4.1 조직 및 조직의 상황에 관한 이해

조직은 조직의 목적과 관련 있고 조직의 XXX 경영시스템에서 의도된 결과를 달성하기 위한 능력에 영향을 미치는 외부 및 내부 이슈를 결정하여야 한다.

| | |
|---|---|
| 요구사항 개념 | 조직 및 조직의 상황 이해 조항은 경영시스템에 긍정적이거나 부정적 영향을 미칠 수 있는 중요한 이슈를 높은 차원(예, 전략적)에서 이해하기 위한 요구사항을 열거하였다.<br>이슈는 예를 들어, 조직의 중요한 주제, 논쟁 및 토론 또는 환경 변화의 이슈일 수 있다. 경영시스템을 계획, 실행, 운영하기 위한 노력을 끌어낼 때 획득한 지식을 사용한다. 표준 개발자는 특정 분야 MSS에서 조직 및 조직의 상황 이해와 관련된 추가 요구사항을 제시할 수 있다. |
| 가이던스, 예, 해설 | 경영시스템에 중요할 수 있고 경영시스템 표준에 의해 처리될 필요가 있는 이슈의 예는 다음을 포함한다.<br>− 목표 달성을 위한 조직의 능력에 영향을 미칠 수 있는 환경적 특성 또는 조건(기후, 오염, 자원 가용성 및 생물 다양성 관련)<br>− 국제, 국가, 지역 또는 지방에서의 외부 문화, 사회, 정치, 법규, 규범, 재정, 기술, 경제, 자연 및 경쟁적 상황<br>− 조직의 특징 또는 조건, 다음과 같은 조직의 특성 또는 조건<br>• 조직 거버넌스, 정보 흐름 및 의사결정 프로세스<br>• 조직 방침과 목표 그리고 이의 달성을 위하여 있어야 하는 전략 |

| 가이던스, 예, 해설 | • 자원(예, 자본, 시간, 사람, 지식, 프로세스, 시스템, 기술)에 의해 이해되는 조직의 역량<br>• 조직 문화<br>• 조직이 채택한 표준, 가이드라인, 모델<br>• 조직의 제품 및 서비스의 수명 주기 |
|---|---|

## 4.2 이해관계자 요구와 기대의 이해

조직은 다음을 결정하여야 한다.
- XXX 경영시스템과 관련된 이해관계자
- 이들 이해관계자의 관련 요구사항

| 요구사항 개념 | 이해관계자의 요구와 기대 이해 조항은 경영시스템 및 경영시스템에 적용할 수 있는 관련 이해관계자의 요구와 기대를 높은 차원(예, 전략적)에서 이해하기 위한 요구사항을 열거하였다.<br>모든 이해관계자의 요구가 조직의 요구사항은 아니다. 몇몇 요구사항은 조직에 적용할 수 없거나 경영시스템에 관련이 없다. 나머지 요구사항은 강제적이다. 왜냐하면 그것들은 정부 조치 또는 법적 조치에 따라 법률, 규범, 허가, 면허로 통합되었기 때문이다. 조직이 자발적으로 채택하거나 합의 또는 계약에 포함하는 것을 결정할 수 있는 나머지 요구사항도 있을 수 있다. 한 번 채택하거나 합의한 것은 반드시 준수하여야 한다.<br>이해관계자가 경영시스템에 영향을 받는다는 것을 스스로 인지한다면, 그들은 경영시스템을 알아야 한다. 법적 요구사항과 별개로, 이해관계자의 니즈와 기대는 그것이 한정되고 조직이 채택하기로 결정하면 강제사항이 된다. 조직이 한 번 동의를 하면, 그것은 조직 요구사항(4.3 참조)이 된다.<br>경영시스템을 계획, 실행, 운영하기 위한 노력을 끌어낼 때 획득한 지식을 사용한다. 표준 개발자는 그들의 이해관계자가 경영시스템에 영향을 받는다는 것을 스스로 인지한다면, 그들은 경영시스템을 알아야 한다. |
|---|---|

| | |
|---|---|
| 요구사항 개념 | 법적 요구사항과 별개로, 이해관계자의 니즈와 기대는 그것이 한정되고 조직이 채택하기로 결정하면 강제사항으로 된다. 조직이 한 번 동의를 하면, 그것은 조직 요구사항(4.3 참조)이 된다.<br>경영시스템을 계획, 실행, 운영하기 위한 노력을 끌어낼 때 획득한 지식을 사용한다. 표준 개발자는 그들의 특정 분야 MSS에서 이해관계자 니즈와 기대에 대한 이해와 관련한 추가 요구사항을 제시할 수 있다. |
| 가이던스, 예, 해설 | 잠재적 이해관계자의 예는 다음을 포함할 수 있다.<br>- 법적 및 규제적 당국(지방, 지역, 주/도, 국가, 국제)<br>- 모(母) 조직<br>- 고객<br>- 무역 및 전문단체<br>- 지역 사회그룹<br>- 비정부 조직<br>- 공급 업체<br>- 이웃<br>- 종업원 및 조직을 대신해 일하는 다른 인원<br><br>이해관계자 요구사항의 예는 다음을 포함할 수 있다.<br>- 법<br>- 허용, 면허 및 권한 부여의 다른 형식<br>- 규제기관에 의해 발행된 규칙<br>- 법정 또는 행정 재판의 판결<br>- 약정, 협약, 프로토콜<br>- 관련 산업 코드 및 표준<br>- 체결된 계약<br>- 지역사회 단체 또는 비정부 조직과의 협약<br>- 공공 기관 및 고객과의 협약<br>- 조직 요구사항<br>- 자발적 원칙 및 실무 코드<br>- 자발적 라벨링 또는 환경적 실행의지<br>- 조직과의 계약적 정렬 하에 발생한 강제사항 |

### 4.3 XXX 경영시스템의 적용범위 결정

조직은 적용범위를 규정하기 위하여 XXX 경영시스템의 경계와 적용성을 결정하여야 한다.

이 적용범위를 결정할 때, 조직은 다음을 고려하여야 한다.
- 4.1에 언급된 내부 및 외부 이슈
- 4.2에 언급된 요구사항

적용범위는 문서화된 정보로 이용 가능하여야 한다.

| | |
|---|---|
| 요구사항 개념 | 경영시스템의 적용범위 결정 조항은 경영시스템을 적용할 물리적이고 조직적 경계를 수립한다. 조직은 그 경계를 정의하는 자유와 유연함을 가지고 있고 전체 조직, 특정 단위 내 MSS의 실행, 또는 조직 내 특정 기능의 실행을 택할 수 있다. 상황의 이해(4.1) 및 관련 이해관계자의 요구사항(4.2)은 경영시스템의 적용범위가 수립되고 조직이 채택할 요구사항을 결정할 때 고려된다. 범위의 문서화는 문서화된 정보(7.5)의 요구사항에 따라 만들어지고 통제된다. 표준 개발자는 특정 분야 MSS에서 경영시스템의 적용범위 결정에 대한 이해와 관련한 추가 요구사항을 제시할 수 있다. |
| 가이던스, 예, 해설 | 용어 범위는 3가지 다른 적용사항에 사용될 수 있음을 유념하여야 한다.<br>– ISO MSS의 범위(조항 1)<br>– 조직의 경영시스템 범위(4.3에 의해 정의된 바)<br>– 조직의 인증 범위 |

### 4.4 XXX 경영시스템

조직은 이 국제표준/ISO XXXX의 이 부/의 이 기술규격의 요구사항에 따라 필요한 프로세스와 그 상호작용을 포함하여, XXX 경영시스템을 수립, 실행, 유지 및 지속적으로 개선하여야 한다.

| | |
|---|---|
| 요구사항 개념 | 경영시스템 조항은 MSS에 적합한 효과적인 경영시스템을 함께 만드는 데 필요충분적인 프로세스 집합을 만드는 것과 관련한 주요 요구사항을 열거하였다. 조직은 조직이 경영시스템 요구사항을 비즈니스로 통합한 수준과 범위를 결정하고, 또한 경영시스템 요구사항을 이행할 방법을 결정하기 위한 권한, 책임 및 자율성을 보유한다. 표준 개발자는 그들 분야의 특정 MSS에서 경영시스템 또는 그 프로세스와 관련한 추가 요구사항을 제시할 수 있다. MSS 초안 작성 시 유의할 것은 본 조항의 의미가 다중 조항 내, 예를 들어 프로세스, 절차서, 경영시스템을 위하여 '수립, 유지 및 지속적 개선'과 같은 문구를 계속 반복할 필요가 없다. |
| 가이던스, 예, 해설 | MSS 내에 수립되는 것이 요구되는 최소한의 프로세스는 다음을 포함한다.<br>– 경영시스템 프로세스(4.4)<br>– 운영 기획 및 통제 프로세스, 외주조달 프로세스 포함(8.1) |

## 5. 리더십

### 5.1 리더십과 실행의지

최고경영자는 다음을 통해 XXX 경영시스템과 관련하여 리더십과 실행의지를 입증하여야 한다.

– XXX 방침과 XXX 목표가 수립되고 조직의 전략적 방향과 부합하는 것을 보장
– XXX 경영시스템 요구사항이 조직의 비즈니스 프로세스로의 통합을 보장
– XXX 경영시스템에 필요한 자원의 가용을 보장
– 효과적인 XXX 경영의 중요성과 XXX 경영시스템의 요구사항 충족의 중요성에 대한 소통

- XXX 경영시스템이 그 의도된 결과를 달성하는 것을 보장
- XXX 경영시스템의 효과성에 기여할 사람을 지휘하고 지원
- 지속적인 개선을 촉진
- 담당 분야에서 리더십을 입증하기 위해 관련된 다른 관리 역할을 지원

**비고** 이 국제표준/ISO XXXX의 이 부/의 이 기술규격에서 '비즈니스'란 조직의 존재 목적에 중요한 활동이라고 포괄적으로 해석하여야 한다.

| | |
|---|---|
| 요구사항 개념 | 리더십과 실행의지 조항은 최고경영자가 조직에 개인적으로 참여하여 지시한 것에 대한 조치를 파악한다. 최고경영자는 이런 모든 활동을 스스로 수행할 수 없지만(예를 들어, 그들은 다른 이에게 책임을 위임할 것이다). 그들은 자신들이 수행한 것에 대한 확신에 책임이 있다. 두 번째 글머리 기호에서, '조직의 비즈니스 프로세스로의 통합'은 중요하고 그것은 최고경영자의 역할 중 하나다. 표준 개발자는 특정 분야 MSS에서 리더십과 실행의지와 관련한 추가 요구사항을 제시할 수 있다. |
| 가이던스, 예, 해설 | 조직의 최고경영자의 시각적 지원, 참여 및 실행의지는 MSS의 성공적인 실행에 필요하다. 그것은 깊이 및 기대를 설정하고, 수용을 증가시키고 직원들에게 MS 이니셔티브에 참여하도록 한다. 효과적인 경영시스템이 적절하다는 것을 외부 관계자에게 재보장할 수 있다. '비즈니스 프로세스'의 예는 MSS의 적격성 요구사항에 충족됨을 보장하는 조직의 주요 인적 자원의 기능일 수 있다. |

## 5.2 방침

최고경영자는 다음과 같은 XXX 방침을 수립하여야 한다.

a) 조직의 목적에 적합
b) XXX 목표를 수립하기 위한 틀 제공

c) 해당 요건을 충족할 수 있는 실행의지 포함
d) XXX 경영시스템의 지속적 개선에 관한 실행의지 포함

XXX 방침은 다음과 같아야 한다.

− 문서화된 정보로 이용 가능
− 조직 내에서 의사소통 가능
− 해당되는 경우 이해관계자들이 이용 가능

| | |
|---|---|
| 요구사항 개념 | 방침 조항은 조직의 목적을 고려하여 MSS에서 요구하는 높은 수준의 조직 실행의지를 열거하였다. 방침은 조직 스스로 설정한 목표를 세우기 위하여 사용된다. 방침의 문서화는 문서화된 정보(7.5)의 요구사항에 따라 만들어지고 통제된다. 방침은 의사소통 조항(7.4)의 요구사항에 따라서 내부적으로 의사소통된다. 방침은 또한 다른 이해관계자가 사용할 수 있어야 한다. 표준 개발자는 특정 분야 MSS에서 방침과 관련한 추가 요구사항을 제시할 수 있다. |
| 가이던스, 예, 해설 | 방침이 적용 가능한 요구사항(특히, 법 및 규정)에 충족하기 위한 실행의지를 포함하도록 예상하는 반면, 가장 효과적인 MS가 특정 시점에서 완벽하게 준수되지 않을 것이라는 것도 알고 있다. 이러한 상황에서 MS가 준수되지 않는 경우의 시스템 결함에 대한 즉각적인 발견과 시정조치가 이루어지는 한 경영시스템이 부적합하다고 간주되어서는 안될 것이다. |

## 5.3 조직 역할, 책임 및 권한

최고경영자는 관련된 역할에 관한 책임과 권한이 부여되고 조직 내에 소통이 이루어짐을 보장하여야 한다.

최고경영자는 다음을 위한 책임과 권한을 부여하여야 한다.

a) XXX 경영시스템이 국제표준/ISO XXXX의 이 부/의 이 기술규격의 요구사항과 부합하는 것을 보장

b) 최고경영자에게 XXX 경영시스템의 성과에 관하여 보고

| | |
|---|---|
| 요구사항 개념 | 조직 역할, 책임 및 권한 조항은 조직 내 관련된 역할에 대한 MS 요구사항의 이행 책임 및 권한을 지정한다. 최고경영자는 이 역할을 수행하는 개별 인원에게 책임 및 권한을 지정하고 의사소통하는 것에 책임이 있다. 책임 및 권한은 의사소통 조항(7.4)의 요구사항에 따라 의사소통된다. MSS 요구사항에 대한 적합성의 증명은 내부심사 조항(9.2)의 요구사항에 따라 수행된다. 성과 보고는 경영검토(9.3)의 요구사항에 따라 수행된다. 표준 개발자는 그들의 특정 분야 MSS에서 조직 역할, 책임 및 권한과 관련한 추가 요구사항을 제시할 수 있다. |
| 가이던스, 예, 해설 | 경영시스템이 MSS의 요구사항에 적합하다는 것을 보장하는 역할은 개별적으로 지정되거나, 몇몇 개인에게 공유되거나 팀에게 지정될 수 있다. 이런 개인들은 경영자에게 MS의 현황과 성과를 지속적으로 알리기 위하여 최고경영자에 충분히 접근할 수 있어야 한다. |

## 6. 기획

### 6.1 리스크와 기회를 결정하기 위한 조치

XXX 경영시스템을 기획할 때, 조직은 4.1항의 이슈와 4.2항의 요구사항을 고려하고, 대응할 필요가 있는 리스크와 기회를 다음을 위하여 결정하여야 한다.

− XXX 경영시스템은 의도된 결과를 달성할 수 있음을 보장
− 원치 않는 결과를 예방하거나 완화시킴
− 지속적 개선을 달성

조직은 다음을 계획하여야 한다.

a) 이러한 기회와 리스크에 대처하기 위한 조치
b) 방법

- XXX 경영시스템 프로세스 내에 위의 조치를 통합하여 실행
- 이들 조치의 효과성을 평가

| | |
|---|---|
| 요구사항 개념 | 리스크와 기회를 대처하기 위한 조치 조항은 MS를 수립하기 위한 전제 조건으로, 필요한 기획을 위한 요구사항을 열거하였다. 본 조항은 무엇을 고려하고 무엇을 다루어야 하는지를 열거하였다. 기획은 전략 수준에서(운영 기획 및 통제를 위한 전술 기획과 대비됨) 이루어진다. 최소한 기획은 4.1에서 파악된 조직의 상황과 우선순위의 방식에서 취한 부정적 또는 긍정적 결과를 처리하기 위하여 4.3에서 파악된 조직의 적용가능 요구사항과 관련된 이슈를 고려할 필요가 있다. 우선순위는 3개 글머리 기호로 표시한다.<br>부속서 SL은 6.1에서 리스크를 처리하기 위한 조치를 요구하지만 리스크 관리, 리스크 평가 또는 리스크 처리를 요구하지 않는다. 리스크를 공식적으로 처리할 필요가 있는 이런 MSS를 위하여, MSS는 '리스크 경영' 접근을 위한 요구를 공식화하고 리스크 평가와 처리 본문의 위치 선정을 합의하여야 한다(즉, 그것을 조항 6이나 조항 8, 또는 둘 다에 포함함).<br>기획의 목적은 잠재적 시나리오 및 결과를 예상하기 위한 것이고, 원하지 않는 영향이 발생하기 전 처리하는 점에서 기획은 예방적이다. 유사하게 기획은 잠재적 장점 또는 유익한 결과를 제공하고 이러한 가치가 있는 것들을 위한 기획을 포함할 수 있는 좋은 조건 또는 환경을 찾고 있다. 기획은 또한 목표 설정(6.2), 운영 통제(8.1), 또는 다른 MS의 특정 조항, 예를 들어 자원 제공(7.1), 적격성(7.2)을 통하여, MS에 필요하거나 유익하다고 생각하는 조치를 통합하는 방법을 결정하는 것을 포함한다.<br>취해진 예방 활동의 효과성을 평가하는 방식 또한 계획, 모니터링, 측정 기술(9.1), 내부심사(9.2) 또는 경영검토(9.3)을 포함할 수 있다.<br>표준 개발자는 분야 특정 MSS에서 리스크와 기회에 대처하기 위한 조치와 관련한 추가 요구사항을 제시할 수 있다. |

| 가이던스, 예, 해설 | '리스크와 기회'의 의미는 해롭거나 부정적인 효과를 가진 위협을 취하는 것이나 대안을 말하는 것으로, 유익하거나 긍정적인 효과가 있는 잠재성을 넓게 설명하려고 한다. 그것은 기술, 통계 또는 과학적 리스크의 해석과 같지 않았다. 위협 및 기회의 결정은 정보 수단을 통할 수 있거나 공식적인 정성적 또는 정량적 방법론을 통할 수도 있다. |
|---|---|

## 6.2 XXX 목표 및 달성을 위한 기획

조직은 관련된 기능과 계층에서 XXX 목표를 수립하여야 한다.

XXX 목표는 다음과 같아야 한다.

a) XXX 방침과 일치

b) 측정 가능(할 수 있다면)

c) 적용 가능한 요구사항 고려

d) 모니터링됨

e) 의사소통됨

f) 상황에 맞게 최신화됨

조직은 XXX 목표에 관한 문서화된 정보를 보존하여야 한다. XXX 목표 달성 방안을 기획할 때, 다음을 결정하여야 한다.

- 무엇을 할 것인가
- 어떤 자원이 필요한가
- 누가 책임질 것인가
- 언제 완료될 것인가
- 결과는 어떻게 평가될 것인가

| 요구사항 개념 | 본문은 잘 이해된다. 독자는 리더십 및 실행의지(5.1) 및 지침(5.2)과의 연계를 주의하여야 한다.<br>목표는 그들의 실행이 결정되는 방식을 열거하여야 한 |
|---|---|

| 요구사항 개념 | 다. '적용 가능한 경우'를 포함하여, 목표를 측정하기 불가능한 상황이 있을 수 있다는 것을 인지시킨다.<br>목표에 대한 상태 및 진척을 모니터링, 측정, 분석 및 평가(9.1)의 요구사항에 따라 확인하고 지속적 개선(10.2)의 요구사항에 따라 적절하게 업데이트한다.<br>목표는 의사소통 조항(7.4)의 요구사항에 따라 의사소통된다. 목표의 문서화는 문서화된 정보(7.5)의 요구사항에 따라 만들어지고 통제된다.<br>목표(즉 '무엇')를 달성하기 위하여 필요한 조치 및 관련된 시간 프레임(즉 '언제까지')은 결정된다. 추가적으로, 그것을 하는(즉 '누가') 책임은 조직 역할, 책임 및 권한(5.3)의 요구사항에 따라 배정한다. 예를 들어 예산, 전문 기술, 기술 또는 인프라에 대한 요구는 자원(7.1)의 요구사항에 따라 결정되고 제공된다. 마지막으로, 무엇이 달성되었는지의 전체 결과를 평가하기 위한 체계는 모니터링, 측정, 분석 및 평가(9.1)의 요구사항에 따라 결정되고 경영검토(9.3)에 따라 보고된다.<br>표준 개발자는 특정 분야 MSS에서 목표 및 달성 계획과 관련한 추가 요구사항을 제시할 수 있다. |
|---|---|

## 7. 지원

### 7.1 자원

조직은 XXX 경영시스템의 수립, 실행, 유지 및 지속적 개선을 위하여 필요한 자원을 결정하고 제공하여야 한다.

| 요구사항 개념 | 자원 조항은 진행 중인 유지 및 개선에 필요한 자원과 함께 MS(운영 및 통제를 포함한)를 만들고 수행하는 데 필요한 자원을 예상하고, 결정하고, 배분한다. 표준 개발자는 그들의 분야 특정 MSS에서 자원과 관련한 추가 요구사항을 제시할 수 있다. |
|---|---|
| 가이던스, 예, 해설 | 자원은 다음을 포함할 수 있다. |

| 가이던스, 예, 해설 | – 인적 자원<br>– 전문화된 기술 또는 지식<br>– 조직 인프라(즉, 건물, 의사소통 라인 등)<br>– 기술<br>– 재정 자원 |
|---|---|

## 7.2 적격성

조직은 다음을 하여야 한다.
- 조직의 통제 하에서 XXX 성과에 영향을 미치는 업무를 수행하는 인원의 필요한 적격성을 결정
- 적절한 학력, 교육훈련 및 경험을 근거로 이러한 사람들이 적격함을 보장
- 해당되는 경우 필요한 적격성을 획득하기 위한 조치를 취하고, 그 조치의 효과성을 평가
- 적격성에 관한 증거로 적절한 문서화된 정보를 보존하여야 한다.

**비고** 적용되는 조치에는 예를 들어 현재 고용된 인원의 교육훈련 제공, 멘토링, 재배치 또는 적격한 인원의 고용 및 계약이 포함될 수 있다.

| 요구사항 개념 | 본문은 적격성(3.10)의 정의와 함께 읽으면 잘 이해된다. 적격성의 객관적 증거를 제공하는 문서는 문서화된 정보(7.5)의 요구사항에 따라 만들어지고 통제된다. 표준 개발자는 특정 분야 MSS에서 적격성과 관련한 추가 요구사항을 제시할 수 있다. |
|---|---|

## 7.3 인식

조직의 통제 하에서 업무를 하는 인원은 다음을 인식하여야 한다.
- XXX 방침
- 개선된 XXX 성과의 혜택·이점을 포함하여 XXX 경영시스템의 효

과성에 관한 그들의 기여
- XXX 경영시스템 요구사항에 부합하지 않을 경우의 영향

| | |
|---|---|
| 요구사항 개념 | 조항의 의도는 잘 이해된다. 표준 개발자는 그들 분야의 특정 MSS에서 인식과 관련한 추가 요구사항을 제시할 수 있다. |
| 가이던스, 예, 해설 | 방침의 인식은 기억될 필요없다. 다만 주요 방침 실행 의지 및 달성을 위한 역할을 인식하여야 한다. |

## 7.4 의사소통

조직은 다음을 포함한 XXX 경영시스템과 관련된 내부 및 외부의 의사소통을 결정하여야 한다.
- 무엇에 대하여 의사소통할 것인가
- 언제 의사소통할 것인가
- 누구와 의사소통할 것인가
- 어떻게 의사소통할 것인가

| | |
|---|---|
| 요구사항 개념 | 조항의 의도는 잘 이해된다. 부속서 SL은 다음에 관한 의사소통을 요구한다.<br>- 효과적인 XXX 경영 및 MS 요구사항 정합성의 중요성<br>- 방침<br>- 책임 및 권한<br>- MS 성과<br>- 목표<br>- 개선된 성과의 편익을 포함한 MS의 효과성에 기여<br>- MS 요구사항에 대한 부적합의 의미<br>- 심사 결과<br>표준 개발자는 이 조항 또는 다른 조항에서 의사소통에 필요한 정보를 포함하여, 의사소통을 위한 구체적인 요구사항을 포함할 수 있다. |

| 가이던스, 예, 해설 | 의사소통은 투명성, 적절성, 신뢰성, 반응성 및 명확성을 준수하여야 한다. 의사소통은 구두 또는 문서 작성, 한 가지 또는 두 가지 방법, 내부 또는 외부일 수 있다. |
|---|---|

## 7.5 문서화된 정보

### 7.5.1 일반사항

조직의 XXX 경영시스템은 다음을 포함하여야 한다.
- 이 국제표준/ISO XXXX의 이 부/이 기술규격에서 요구하는 문서화된 정보
- 조직이 XXX 경영시스템 효과성을 위하여 반드시 필요하다고 결정한 문서화된 정보

**비고** XXX 경영시스템에 관한 문서화된 정보의 규모는 다음과 같은 이유로 조직마다 다를 수 있다.
  - 조직의 규모 및 활동, 프로세스, 제품 및 서비스의 유형
  - 프로세스의 복잡성 및 그들의 상호작용
  - 인원의 적격성

| 요구사항 개념 | 일반사항. 문서화된 정보 조항은 경영시스템에서 만들고, 통제되고, 유지되어야 하는 정보 유형의 설명을 제시한다. 이것은 다음을 포함한다.<br>- 모든 MSS에서 필요한 것(7.5.1 조항과 부속서 SL의 각 조항 내에서 표현되었듯이)<br>- 특정 MSS에서 필요한 것<br>- 조직이 문서화할 필요가 있다고 정한 추가 정보<br>'…의 증거로써의 문서화된 정보(documented information as evidence of…)'는 앞의 용어 '기록'을 의미한다.<br>문서화된 정보가 MSS가 필요한 것이 무엇인지를 파악하는 것은 조직의 책임이다. 고려하여야 할 요소는 비고에 정리되었다. 문서화된 정보는 MSS가 정한 정보가 어떤 형식 또는 매체(7.5.3 참조)에서 통제하고 유 |
|---|---|

| | |
|---|---|
| | 지하기 위하여 필요하다는 것을 의미한다. 문서화된 정보는 7.5.2 및 7.5.3의 요구사항에 따라 만들어지고 통제된다. 표준 개발자는 적절한 문서화된 정보의 구체적인 예를 포함할 수 있다. |
| 가이던스, 예, 해설 | MSS에서 만들어지고, 통제되거나 유지되기 위하여 요구되는 문서화된 정보는 다음을 포함한다.<br>- 경영시스템 범위<br>- 방침<br>- 목표<br>- 적격성 증거<br>- 경영시스템의 기획 및 운영을 위하여 필요한 외부 출처의 문서화된 정보<br>- 프로세스가 계획대로 실행됨을 보장하는 문서화된 정보<br>- 모니터링, 측정, 분석 및 평가 결과<br>- 내부심사 프로그램 실행의 증거<br>- 내부심사 결과<br>- 경영검토 결과<br>- 부적합과 그 조치의 내용<br>- 시정조치 결과<br>원래 MSS 이외의 목적을 위하여 만들어진 문서화된 정보가 사용될 수 있다. |

## 7.5.2 작성 및 업데이트

문서화된 정보의 작성 및 업데이트할 때 조직은 다음을 보장하여야 한다.

- 적절한 식별 및 설명(예: 제목, 일자, 저자, 또는 참조번호)
- 형식(예: 언어, 소프트웨어 버전, 그래픽) 및 매체(예: 종이, 전자)
- 적합성 및 적절성에 관한 검토 및 승인

| | |
|---|---|
| 요구사항 개념 | 문서 작성 및 갱신 조항은 정보를 유일하게 파악하고, 그것이 유지되는 형식 및 매체를 정하고, 승인하기 위한 요구사항을 열거하였다. 표준 개발자는 특성 분야 MSS에서 문서 작성 및 갱신과 관련한 추가 요구사항을 제시할 수 있다. |
| 가이던스, 예, 해설 | 문서화된 정보를 위하여 사용된 식별, 형식 및 매체는 MSS를 실행하는 조직의 선택이다. 그러므로 본문 형식 또는 종이 매뉴얼의 형식으로 할 필요는 없다. |

### 7.5.3 문서화된 정보의 통제

XXX 경영시스템 및 이 국제표준/ISO XXXX의 이 부/의 이 기술규격에서 요구하는 문서화된 정보는 다음을 보장하도록 통제되어야 한다.
a) 필요한 곳에서, 필요한 시기에 이용 가능하고 사용하기에 적합
b) 적절하게 보호(예: 기밀성 손실, 부적절한 이용, 또는 무결성 손실로부터)
문서화된 정보의 통제 관리를 위하여 조직은 해당되는 다음의 활동을 다루어야 한다.
- 배포, 접근, 검색 및 이용
- 보관 및 보존(가독성의 보존 포함)
- 변경 관리(예: 버전 관리)
- 보존 및 폐기

조직이 XXX 경영시스템의 계획과 운영에 필요하다고 결정한 외부 출처의 문서화된 정보를 적절하게 파악하고 통제하여야 한다.

**비고**  접근은 오직 문서화된 정보의 열람을 위한 승인, 또는 문서화된 정보의 열람 및 변경을 위한 승인과 권한에 관한 결정을 의미할 수 있다.

| | |
|---|---|
| 요구사항 개념 | 문서화된 정보의 통제 조항은 문서화가 요구되는 정보를 위하여 고려되고 실행될 필요가 있는 내부 통제를 열거하였다. 모든 내부 통제는 모든 문서화된 정보 유 |

| 요구사항 개념 | 형에 적용되지 않는다. 문서화가 필요한 내부 정보뿐만 아니라 외부 관계자가 만든 정보는 MSS에 필요할 수 있다. 이런 정보의 파악과 통제 역시 필요하다. 표준 개발자는 특정 분야 MSS에서 문서화된 정보의 통제와 관련한 추가 요구사항을 제시할 수 있다. |
|---|---|
| 가이던스, 예, 해설 | MSS를 통해 문서화가 필요한 정보는 조직에 의해 수립된 다른 정보 관리 또는 문서화 시스템과 통합될 수 있다. |

## 8. 운영

### 8.1 운영 기획 및 관리

조직은 다음을 통해 요구사항 충족과 6.1에서 결정한 조치의 실행에 필요한 프로세스를 계획하고 실행하고 관리하여야 한다.

- 프로세스의 기준 수립
- 기준에 따른 프로세스의 관리 실행
- 프로세스들이 계획대로 수행되었음을 확인할 수 있는 문서화된 정보 보존

조직은 계획된 변경을 통제하고, 의도하지 않은 변경으로 인한 결과를 검토하여, 필요 시 부정적 영향을 완화하기 위한 조치를 취하여야 한다. 조직은 위탁된 프로세스가 관리됨을 보장하여야 한다.

| 요구사항 개념 | 운영 기획 및 통제 조항은 MSS 요구사항을 이행하고 리스크와 기회를 처리한 것을 확인하는 조직의 운영에 필요한 요구사항을 열거하였다.<br>운영 통제는 비즈니스 운영, 활동 또는 장비가 특정 조건이나 성과 표준을 넘지 않거나 규범 준수 한계를 어기지 않는다는 것을 확인하기 위하여 실행되는 방법을 포함함으로써, 효과적으로 MS의 의도된 결과를 달성한 |

| | |
|---|---|
| 요구사항 개념 | 다. 이 통제는 기술규격 또는 운영변수나 규정된 방법론과 같이 비즈니스 프로세스를 위한 최적화 기능을 달성하는 데 필요한 기술적 요구사항을 수립한다.<br>통제의 부재가 방침과 목표에서 편차를 만들고 수용 못할 리스크를 발생할 수 있는 경우, 운영 통제는 비즈니스 프로세스에 관련된 상황에 필요하다. 이 상황은 비즈니스 운영, 활동 또는 프로세스(생산, 설치 또는 서비스 조달, 유지, 계약자, 공급업체 또는 납품업체)와 관련될 수 있다. 실행된 운영 수준은 수행된 기능, 중요성 또는 복잡성, 편차 또는 변화의 잠재적 결과, 또는 사용 가능한 것과 관련한 기술 적격성을 포함한 많은 요소에 따라 다양할 것이다.<br>운영 통제 프로세스가 계획에 따라 수행되었다는 신뢰성이 필요한 문서화는 문서화된 정보(7.5)의 요구사항에 따라 만들어지고 통제된다.<br>계획되거나 의도하지 않은 변화의 관리를 위한 요구사항은 기술 요구사항이 실행되지 않거나 신규 리스크가 발생하는 경우를 방지하거나 최소화하는 것을 요구한다.<br>운영 통제가 실패할 경우, 결과적으로 원치 않는 영향을 처리하는 조치가 필요하다. 위탁된 프로세스의 통제는 운영통제와 같다. 하지만 통제 수준은 부분 통제 또는 영향으로 한정될 수 있다. 그것은 위탁된 프로세스를 수행하는 외부 인원과의 법적 관계를 변경하려는 것은 아니다.<br>표준 개발자는 특정 분야 MSS에서 운영 기획 및 통제와 관련한 추가 요구사항을 제시할 수 있다. |
| 가이던스, 예, 해설 | 운영 기획은 6.1에서 한 기획보다 더 상세할 수 있고 리스크와 기회를 결정하기 위한 조치(6.1)에서 결정된 이러한 조치를 뒷받침하는 비즈니스 운영에 초점을 맞춘 전술적 수준일 수 있다. |

## 9. 성과 평가

### 9.1 모니터링, 측정, 분석 및 평가

조직은 다음을 결정하여야 한다.
- 모니터링 및 측정이 필요한 것
- 적용 가능한 경우 타당한 결과를 보장하기 위한 모니터링, 측정, 분석 및 평가 방법
- 모니터링 및 측정이 수행되어야 하는 때
- 모니터링 및 측정의 결과가 분석되고 평가되어야 하는 때

조직은 결과의 증거로 적절히 문서화된 정보를 보존하여야 한다. 조직은 XXX 경영시스템의 XXX 성과 및 효과성을 평가하여야 한다.

| | |
|---|---|
| 요구사항 개념 | 모니터링, 측정, 분석 및 평가 조항은 MS의 예상 결과가 계획에 따라 성취된다는 것을 보장하기 위하여 확인하는 요구사항을 열거하였다. 확인은 정성적(모니터링) 또는 정량적(측정)일 수 있다. 모니터링, 측정, 분석, 평가되는 특징은 활동을 계획한 MS가 실현되고 계획된 결과가 달성되는 범위를 결정하기 위하여 '필요충분한' 정보를 제공한다. 모니터링, 측정, 분석 및 평가를 통해 얻은 정보는 경영검토(9.3)의 요구사항에 따라 최고경영자에게 보여준다. 모니터링, 측정, 분석 및 평가 결과의 문서화는 문서화된 정보(7.5)의 요구사항에 따라 만들어지고 통제된다. 표준 개발자는 특정 분야 MSS에서 모니터링, 측정, 분석 및 평가와 관련한 추가 요구사항을 제시할 수 있다. |

### 9.2 내부심사

9.2.1 조직은 XXX 경영시스템에 대해 다음과 같은 정보를 파악할 수 있도록 계획된 주기로 내부심사를 실시하여야 한다.

a) 다음 사항에 적합한지의 여부

- XXX 경영시스템에 대한 조직 자체의 요구사항
- 이 국제표준/ISO XXXX의 이 부/ 이 기술규격의 요구사항

b) 효과적으로 실행되고 유지되는지의 여부

9.2.2 조직은 다음을 하여야 한다.
a) 주기, 방법, 책임, 기획, 요구사항 및 보고를 포함한 심사 프로그램을 계획, 수립, 실행 및 유지하고, 관련된 프로세스의 중요성과 이전 심사의 결과를 고려
b) 심사 기준 및 각 심사의 적용범위를 정의
c) 심사 프로세스의 객관성과 공정성을 보장할 수 있는 심사원을 선정하고 심사를 수행
d) 심사 결과는 관련된 경영자에게 보고되는 것을 보장
e) 심사 프로그램의 실행 및 심사 결과의 증거로 문서화된 정보를 보존

| | |
|---|---|
| 요구사항 개념 | 내부심사 조항은 조직이 스스로 부과한 MSS 요구사항과 추가 MS 요구사항이 조직의 MS와 부합하는 지, MS가 계획에 따라 효과적으로 실행되고 유지되는지를 확인하는 목적으로 내부심사 프로그램을 계획, 실행, 유지하는 요구사항을 열거하였다.<br>내부심사 프로그램은 다음을 요구한다.<br>- 내부심사는 심사되는 프로세스의 중요성과 이전 심사의 결과를 기반으로 계획하고 일정 수립을 하여야 한다.<br>- 수립된 내부심사를 계획하고 수행하기 위한 방법론<br>- 내부심사 프로세스의 무결성과 독립성을 고려하여 지정된 심사 프로그램 내에서의 역할 및 책임<br>- 계획된 심사를 위한 심사 기준(즉, 관련되고 검증 가능한 기록, 사실 기술 또는 다른 정보가 비교될 수 있는 것과 대비되는 참고물로 사용되는 방침, 절차 또는 요구사항)과 심사 범위(즉, 포함된 기간뿐만 아니라 물리적 장소, 조직 단위, 활동, 프로세스의 설명) |

| 요구사항 개념 | 내부 인원이 내부심사 프로그램을 계획하고, 실행하고, 유지하거나 조직을 대신하여 활동하는 외부 직원이 관리할 수 있다. 두 경우 모두 내부심사 프로그램 인원의 결정은 적격성(7.2) 요구사항을 충족할 필요가 있다.<br>내부심사의 결과는 의사소통 조항(7.4)의 요구사항에 따라 심사된 기능·단위 및 다른 개별 인원을 담당하는 경영자에게 보고된다.<br>내부심사 프로그램 실행 및 심사 결과의 증거를 제공하는 문서화는 문서화된 정보(7.5)의 요구사항에 따라 만들어지고 통제된다. 내부심사 결과에 대한 경향을 포함한 정보는 경영검토(9.3)의 요구사항에 따라 검토된다. 표준 개발자는 특정 분야 MSS에서 내부심사와 관련한 추가 요구사항을 제시할 수 있다. |
|---|---|

### 9.3 경영검토

최고경영자는 지속적인 적절성, 충족성, 효과성을 보장하기 위해 계획된 주기로 조직의 XXX 경영시스템을 검토하여야 한다. 경영검토는 다음을 고려하여야 한다.

a) 이전 경영검토로부터 후속조치 현황

b) XXX 경영시스템과 관련된 외부 및 내부 이슈의 변경

c) 다음의 경향을 포함한 XXX 성과에 관한 정보

    – 부적합 및 시정조치

    – 모니터링 및 측정 결과

    – 심사 결과

d) 지속적 개선을 위한 기회

경영검토 출력물은 지속적인 개선 기회 및 XXX 경영시스템의 변경 필요성과 관련된 의사결정을 포함하여야 한다. 조직은 경영검토 결과의 증거로 문서화된 정보를 보존하여야 한다.

| 요구사항 개념 | 경영검토 조항은 포함된 정보 및 예상 결과물을 포함하여, 최고경영자의 MS 전체 검토와 관련된 요구사항을 열거하였다. 최고경영자는 이 검토에 직접 참여하여야 한다. 경영검토는 특히 조직의 상황에서 변하는 환경, 예상 결과에서의 편차, 또는 유익한 결과에 장점을 제공하는 데 조건과 관련하여, MS에 변화를 이끌고 지속적 개선의 우선순위를 지시하기 위한 체계이다.<br>경영검토 결과의 문서화는 문서화된 정보(7.5)의 요구사항에 따라 만들어지고 통제된다. 표준 개발자는 그들의 분야 특정 MSS에서 경영검토와 관련한 추가 요구사항을 제시할 수 있다. 표준 개발자는 특정 분야 MSS에서 내부심사와 관련한 추가 요구사항을 제시할 수 있다. |
|---|---|

## 10. 개선

### 10.1 부적합 및 시정조치

부적합이 발생하면 조직은 다음과 같이 하여야 한다.

a) 부적합에 해당되는 경우
   - 부적합을 통제하고 시정하기 위한 조치를 취함
   - 그 결과를 처리함

b) 다음과 같은 방법에 의해 부적합이 재발하거나 발생하지 않도록, 부적합의 원인을 제거하기 위한 조치의 필요성을 평가
   - 부적합을 검토
   - 부적합 원인을 결정
   - 유사한 부적합이 존재하거나 잠재적으로 발생 가능성이 있는지를 결정

c) 필요한 조치를 실행

d) 시정조치의 효과성을 검토

e) 필요한 경우, XXX 경영시스템을 변경

시정조치는 당면한 부적합의 영향에 적절하여야 한다.
조직은 다음에 관한 증거로 문서화된 정보를 보존하여야 한다.
– 부적합의 내용 및 이후에 취해진 조치
– 시정조치의 결과

| 요구사항 개념 | 부적합 및 시정조치에 관한 조항의 의도는 MSS 및 MS(운영을 포함하여) 요구사항이 충족되지 않았을 때에 대응하기 위한 요구사항을 열거하였다. 그것은 상황을 시정하고, 원인을 확인하고, 재발 방지를 위하여 다른 발생요소가 존재하거나 잠재적으로 어디선가 존재하는지를 결정하는 조치를 포함한다. 게다가, 예상 결과의 달성 여부를 확인하는 데 취해진 조치의 평가와 변경이 유사 부적합의 향후 발생을 피할 수 있는지를 결정하기 위한 MS의 평가를 요구한다.<br>부적합, 시정조치 및 그 결과의 문서화는 문서화된 정보(7.5)의 요구사항에 따라 만들어지고 통제된다. 표준 개발자는 특정 분야 MSS에서 부적합 및 시정조치와 관련한 추가 요구사항을 제시할 수 있다. |
|---|---|

## 10.2 지속적 개선

조직은 XXX 경영시스템의 적절성, 충족성 및 효과성을 지속적으로 개선하여야 한다.

| 요구사항 개념 | 지속적 개선 조항은 MS를 개선하기 위한 요구사항을 열거하였다. 개선은 3개 주요 분야에 초점을 맞추었다.<br>· 적절성(suitability): MS가 조직의 목적, 운영, 문화 및 비즈니스 시스템에 알맞고 올바른 정도<br>· 충족성(adequacy): MS가 적용 가능한 요구사항을 충족하기에 충분한 정도<br>· 효과성(effectiveness): 계획된 활동이 실현되어 계획된 결과가 달성되는 정도<br>지속적 개선은 MSS 요구사항과의 정합성을 달성하고 목표와 방침의 실행의지를 충족하는 조직의 능력을 |
|---|---|

| | |
|---|---|
| 요구사항 개념 | 개선하기 위하여 MS의 설계 및 실행을 변화하는 것과 관련이 있다. 시스템 요소를 별도로 개선하는 것도 가치가 있을 수 있지만, 계획된 조치의 예상 결과 및 다른 MS 변화는 조직의 성과에서의 개선점이다.<br>MSS의 몇몇 조항은 지속적 개선을 달성하는 것에 도움을 줄 수 있다. 이 조항의 조정된 실행은 다음에 한정되지 않고 이 개선을 달성하기 위한 강력한 방법을 개발하는 데 도움을 줄 수 있다.<br>- 리스크와 기회를 처리하기 위한 조치(6.1)<br>- 목표 수립(6.2)<br>- 신규 기술, 방법 또는 정보를 고려한 운영 통제 개선<br>- 성과 분석하고 평가(9.1)<br>- 내부심사 수행(9.2)<br>- 경영검토 수행(9.3)<br>- 부적합사항 발견 및 시정조치 실행(10.1)<br>조직은 개선을 위한 기회를 파악하기 위하여 모니터링, 측정, 분석 및 평가(9.1), 내부심사(9.2), 경영검토(9.3)의 요구사항에 따라 MS를 정기적으로 평가하고 검토하고 리스크와 기회를 처리하기 위한 조치(6.1), 목표 및 달성계획(6.2), 운영 기획 및 통제(8.1)에 따라 적절한 조치를 계획한다. |
| 가이던스, 예. 해설 | 지속적 개선은 비록 단속적일 수 있지만 일정 기간에 걸쳐 개선이 발생함을 의미한다(중단 없이 발생을 의미하는 '연속적(continous)'과는 다름). 지속적 개선의 맥락에서, 개선이 정기적으로 발생하는 것이다. 조직은 지속적 개선을 지원하는 조치 비율, 정도, 시간 척도를 조직의 상황, 경제 요소 및 다른 환경을 고려하여 결정한다. |

# 부록 3
# 용어 지침
## (Terminology Guidance)

# 부록 3
# 용어 지침(Terminology Guidance)

- Annex SL에 포함된 용어 및 정의와 관련된 MSS 용어를 개발하기 위한 실무적 단계

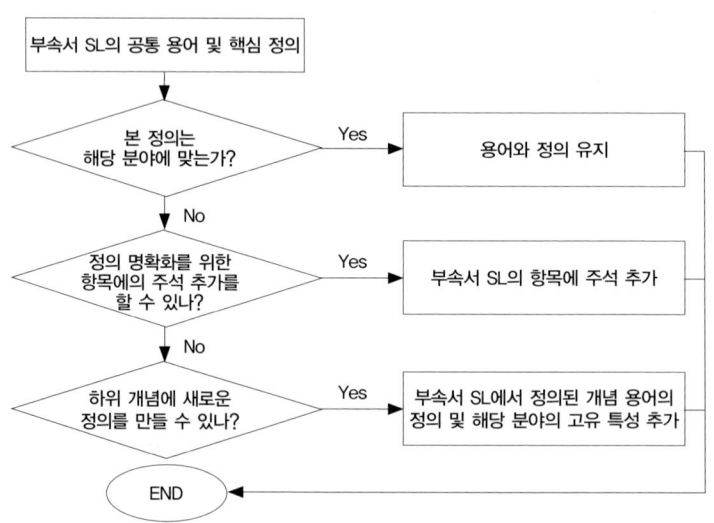

## 항목 추가에 대한 비고의 예

• 조직

Annex SL의 '조직'의 정의를 유지하고 도로교통 안전경영시스템과 관련된 구체적인 특징이 있는 항목에 비고를 추가한다.

① 비고 추가의 예
- 조직: 목표를 달성할 수 있는 책임, 권한 및 관계를 가진 고유의 기능을 보유한 사람 또는 모임
    비고 1 조직의 개념은 단독 상인에만 한정된 것이 아닌, 공공 또는 민간 통합 여부에 관계없이 회사, 법인, 상사, 기업, 기관, 조합, 자선단체 또는 기관, 그것의 일부 또는 조합 등을 포함한다.
    비고 2 본 국제표준 맥락에서, 주요 목적 중 하나는 도로교통 충돌과 관련된 사망과 중상을 줄이기 위한 적절한 도로교통 안전방침을 개발하고 실행하는 것이다.

## 특정 개념과 일치하는 신규 정의 작업의 예

• 경영시스템

도로교통 안전경영의 구체적인 특징을 부여하여 '경영시스템'의 하위 개념으로 '도로교통 안전 경영시스템'의 정의를 재작성한다.

① 정의 재작성의 예
- 경영시스템: 목표 달성을 위해 방침, 목표, 프로세스를 수립하는 조직과 상호 관계되거나 상호작용하는 요소의 집합
- 도로교통 안전 경영시스템: 도로교통 충돌과 관련한 사망 및 중상을 줄이는 목적을 가진 도로교통 안전방침을 수립하기 위해 설정된 경영시스템

- Annex SL에 포함되지 않은 용어와 정의에 관한 MSS 단어를 개발하는 실무적 단계

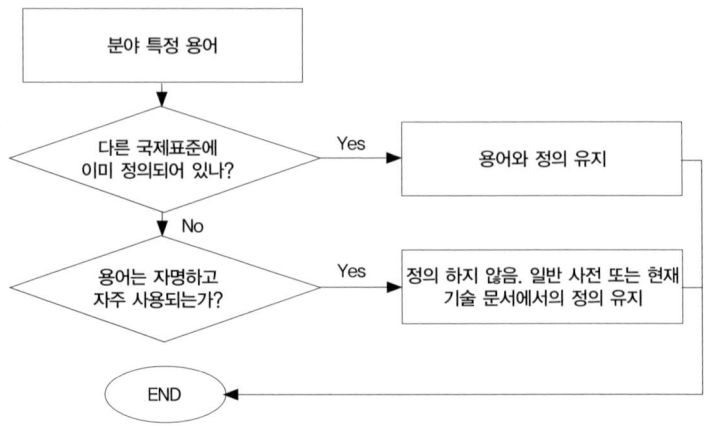

### 1 주제 분야 특정 개념

**2 소개:** 1장 설명에 추가하여, 주제 분야에 한정되지만 Annex SL 공통 용어와 핵심 정의에 직접 관련 없는 용어와 정의를 위한 요구가 종종 있을 것이다.

### A – 정의 작성 전 질문

**A.1:** 국제표준에서 이미 정의되었는지 ISO 온라인 검색 플랫폼(Online Browsing Platform, OBP)을 확인한다. 만약에 정의가 수용된다면, 그 정의를 인용하고 출처를 부여한다.

**A.2:** 용어가 명백하거나 또는 일반적으로 알려졌는지 용어가 다른 맥락에서 다르게 해석될 수는 없는지 확인한다.

만약 그렇다면, 정의하지 않는다. 일반 사전적 용어나 현행 기술용어는 관련된 맥락에서 특정 의미를 가지고 사용될 경우에 정의될 수 있다.

## B – 정의 작성을 위한 좋은 관행

- 주요 특징만을 포함한다(즉, 다른 개념과 그 개념의 차이에 초점을 맞춘다).
- 추가 정보는 '비고(note)'에 추가되어야 한다.
- 가능하다면 단 한 줄의 짧은 문구를 사용한다.
- 각 문구에서 오직 하나의 이슈만 고려한다.
- '그것은 ~을 의미한다', '~은/는 이다' 또는 '용어는 ~을 위해 사용된다'와 같이 소개하는 단어를 피한다.
- 정의 내에 용어 자체가 사용되는 것을 피한다.
- 가능한 한 정의를 위한 단일 형식을 사용한다.

좋은 정의는 다음과 같아야 한다.

- 명확해야 한다.
- 간결해야 한다.
- 질문 내 표준에 관련되고 적용 가능해야 한다.

## C – 정의가 정확한지 확인하는 방법(대체의 원칙)

- 정의의 예
  - 제품: 어떤 상품 또는 서비스
- '관련성'에 대한 정의의 예
  ① 원문: GHG 원천, 탄소 저장, 제품에서 발생한 GHG 배출의 평가에 적절한 데이터 및 방법을 선택한다.
  ② 제품 정의에 의해 대체된 용어 정의: GHG 원천, 탄소 저장, 어떤 제품 및 서비스에서 발생한 GHG 배출의 평가에 적절한 데이터 및 방법을 선택한다.

- 경영시스템과 관련된 공통 용어와 핵심 정의의 개념도(Concept diagram)

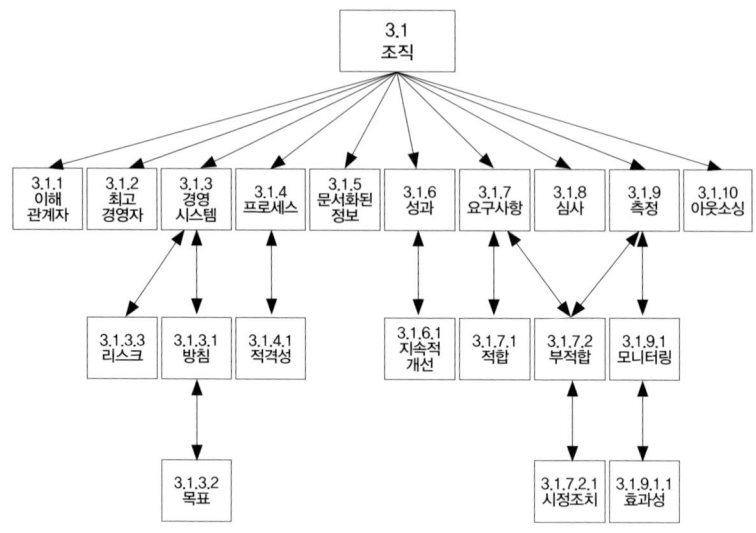

- 용어와 정의를 작성하고 표현하기 위한 실무적 권고사항

### 1 소개

명백하고, 일관되고 논리적인 표준은 명백하고 일관된 용어를 필요로 한다. 용어에 관한 규칙은 ISO/TC 37의 소관이다. 본 부속서는 간략하고 실제적인 방법으로 용어 개념을 설명한다. 본 부속서는 두 개(ISO 704:2009 및 ISO 10241-1:2011)를 고수, 몇몇 ISO/TC 37 국제표준을 대체하지 않는다.

다음 국제표준 및 인용 문서는 용어 표준 또는 표준 내 용어 분야를 개발할 때 특히 중요한 것이다.

- ISO/IEC 기술작업지침서, 제2부, 6판, 2011, 국제표준의 체계 및 초안작성을 위한 지침: 용어의 중요성은 4.4 a)에서 강조된다. 용어 및 정의의 초안작성 및 표현을 위한 규칙은 부속서 D에 있다. 이것은 모든 위원회 구성원이 읽어야 할 요약서이다. 그것은 국제표준 내 포함된 규칙을 대체하지 않는다.
- ISO 10241-1:2011, 표준 내 용어 항목 - 제1부: 표현의 일반 요구사항 및 예: ISO 10241-1는 용어 항목 및 그것들을 어떻게 만들고 표현할지를 개발할 때 따라야 하는 활동의 실제 순서를 설명한다.
- ISO 704:2009, 용어 작업 - 원칙 및 방법: ISO 704는 개념 및 개념 시스템을 어떻게 개발하고 형성할지, 그리고 정의는 어떻게 초안을 작성할지에 대한 규칙을 제시한다.
- ISO 15188:2001, 용어 표준화를 위한 프로젝트 관리 가이드라인: 만약 신규 경영시스템 표준이 많은 용어를 요구할 때 ISO 15188은 이 일을 어떻게 구성하고 통제할지에 대한 실제적인 조언을 제시한다.
- ISO 860:2007, 용어 작업 - 개념 및 용어의 조화: 용어가 기술 분야 사이에서 중복되거나 기술 분야 내에서 일관성이 없다. 왜냐하면 용어는 다른 정황 내에서 만들어지기 때문이다. ISO 860은 이런 이슈를 처리하는 방법론적 접근을 제시한다.
- ISO 1087-1:2000, 용어 작업 - 단어 - 제1부: 이론 및 적용. 용어 작업을 위한 단어

## 2 용어 데이터의 체계적인 순서

ISO 10241-1:2011에서 기술된 바와 같이, 용어 항목의 5.1.1 체계적

인 순서[37]는 가능할 때마다 사용되어야 한다.

이 표준에 두 가지 측면이 있다.

a) 개념 시스템 내에 개발된 용어 및 정의는 가장 효과적이고 효율적인 작업 방법을 제공한다.

b) 개념 순서에 나열된 용어 및 정의는 어떤 언어가 작성되었던 간에 표준 사용자가 용어 항목 번호의 표준화를 통해 빠르고 정확한 데이터 검색을 할 수 있게 한다. 알파벳 순서를 기반으로 한 언어는 선택적인 빠르고 정확한 검색을 제공해야 한다.

## 3 개념(Concepts)

특징의 유일한 조합을 통해 만들어진 지식 단위

**비고 1** 개념은 필요에 따라 특별한 언어로 묶이지 않는다. 그러나 개념은 종종 다른 범주화를 이끄는 사회적 문화적 배경에 의해 영향을 받는다.

[출처: ISO 1087-1:2000(E/F), 3.2.1]

## 4 개념 시스템(concept systems) / 개념도(concept diagrams)

개념은 개념들 간의 관계에 따라 개념 시스템에 정렬된다.

개념 시스템은 개념도에 따라 그래픽 · 도해적으로 표현된다.

## 5 개념 관계(Concepts relations)

a) 수직계층적(hierarchical)
   - 포괄적(generic)
   - 부분적(partitive)

b) 연합적(associative)

---

**37** 체계적인 순서(systematic order): 기본 개념 시스템을 반영한 용어 항목의 순서

## a) 수직계층적

• 포괄적 관계

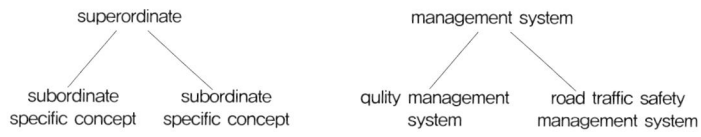

〈그림 4-1〉 포괄적 관계 일반 개념

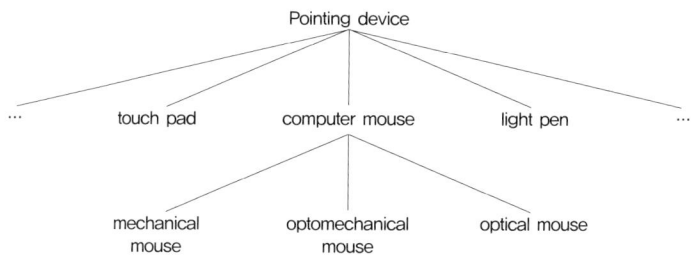

〈그림 4-2〉 ISO 704:2009에서의 예(5.5.2.2.1)

• 부분적 관계

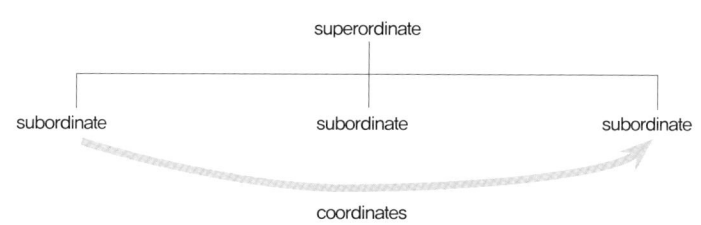

〈그림 4-3〉 부분적 관계의 예

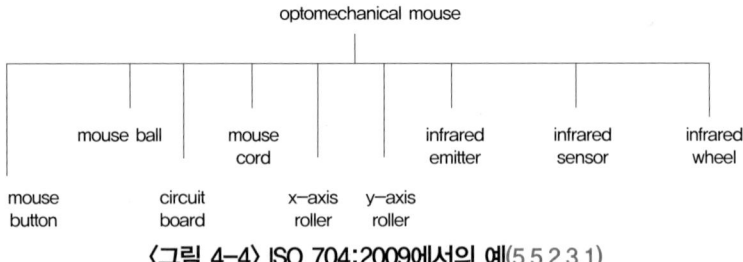

〈그림 4-4〉 ISO 704:2009에서의 예(5.5.2.3.1)

b) 연합적 관계

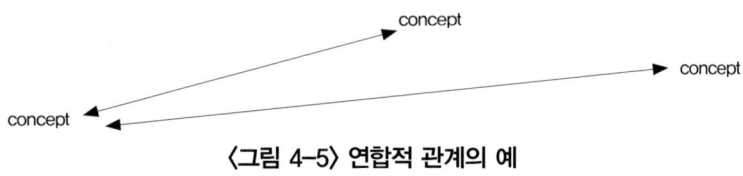

〈그림 4-5〉 연합적 관계의 예

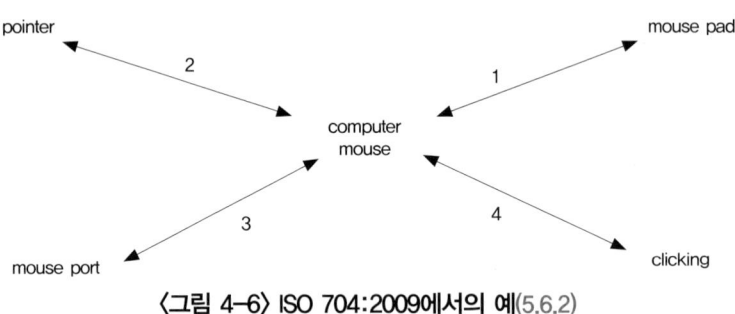

〈그림 4-6〉 ISO 704:2009에서의 예(5.6.2)

## 6 용어(term)

특정 주제 분야 내에 일반적인 개념의 구두 지정

verbal designation of a general concept in a specific subject field

**비고** 용어는 상징을 포함할 수 있고 변경체를 가질 수 있다. 예, 철자의 다른 형식

[출처: ISO 1087-1:2000(E/F), 3.4.3]

## 7 정의(definition)

정의는 개념을 정의하고 용어를 정의하지 않는다.

관련된 개념과 그것이 다르다는 것을 뒷받침하는 설명문을 통한 개념의 표현

representation of a concept by a descriptive statement which serves to differentiate it from related concepts

[출처: ISO 1087-1:2000(E/F), 3.3.1]

# 참고자료

## 참고문헌

[1] ISO/IEC Directives Part 1, Consolidated ISO Supplement - Procedures specific to ISO, Fifth edition, 2014
[2] JTCG Frequently Asked Questions in support of Annex SL, ISO/TMB/JTCG N359, 2013-12-03
[3] JTCG Concept document to support of Annex SL, ISO/TMB/JTCG N 360, 2013-12-03
[4] JTCG Terminology Guidance in support of Annex SL, ISO/TMB/JTCG N 361, 2013-12-03
[5] ISO group works to improve alignment of management system standards, Dick Hortensius, ISO Management Systems - September-October 2009
[6] New High Level Structure for ISO Management Systems Standards, ISO, 28th August 2014
[7] ISO 품질경영시스템 혁신 가이드, 홍종인, 한국표준협회미디어, 2008
[8] 로버트 캐플란, 데이비드 노턴 저, (주)웨슬리퀘스트 역, 〈전략실행 프리미엄〉, 21세기북스, 2009
[9] 고재민, '리스크도 포트폴리오로 관리하라', 〈동아비즈니스리뷰〉 Vol 6, 2008
[10] 마이클 해머, 제임스 챔피 저, 안중호, 박찬구 역, 〈리엔지니어링 기업혁명〉, 김영사, 1993
[11] 마이클 포터해머 저, 김경묵, 김연성 역, 〈마이클 포터의 경재론〉, 세종연구원, 2001
[12] 미타니 고지 저, 김정환 역, 〈경영전략 논쟁사〉, 엔트리, 2013
[13] 허문구, '열정 부르는 비전이 전략 출발점', 〈동아비즈니스리뷰〉, Vol 174, 2015

## 참고표준

[1] ISO Guide 72:2001, Guidelines for the justification and development of management system standards
[2] ISO/IEC Guide 73:2009, Risk management – Vocabulary
[3] Draft ISO Guide 83:2011, High level structure and identical text for management system standards and common core management system terms and definitions
[4] ISO 9000:2005, Quality management systems – Fundamentals and vocabulary
[5] ISO 9001:2008, Quality management systems – Requirements
[6] ISO 9004:2009, Managing for the sustained success of an organization – A quality management approach
[7] ISO 10001:2007, Quality management – Customer satisfaction – Guidelines for codes of conduct for organizations
[8] ISO 10002:2004, Quality management – Customer satisfaction – Guidelines for complaints handling in organizations
[9] ISO 10003:2007, Quality management – Customer satisfaction – Guidelines for dispute resolution external to the organization
[10] ISO/TS 10004, Quality management – Customer satisfaction – Guidelines for monitoring and measuring
[11] ISO 10005:2005, Quality management – Guidelines for quality plans
[12] ISO 10006:2003, Quality management – Guidelines for quality management in projects
[13] ISO 10007:2003, Quality management – Guidelines for configuration management
[14] ISO 10012:2003, Measurement management systems – Requirements for measurement processes and measuring equipment
[15] ISO/TR 10013:2001, Guidelines for quality management system documentation
[16] ISO 10014:2006, Quality management – Guidelines for realizing financial and economic benefits
[17] ISO 10015:1999, Quality management – Guidelines for training

[18] ISO/TR 10017:2003, Guidance on statistical techniques for ISO 9001:2000
[19] ISO 10019:2005, Guidelines for the selection of quality management system consultants and use of their services
[20] ISO/TR 13352:1997, Guidelines for interpretation of ISO 9000 series for application within the iron ore industry
[21] ISO 13485:2003, Medical devices - Quality management systems - Requirements for regulatory purposes
[22] ISO 14298:2013, Graphic technology - Management of security printing processes
[23] ISO/TR 14969:2004 Medical devices - Quality management systems - Guidance on the application of ISO 13485:2003
[24] ISO 15161:2001 Guidelines on the application of ISO 9001:2000 for the food and drink industry
[25] ISO/TS 16949:2002 Quality management systems - Particular requirements for the application of ISO 9001:2000 for automotive production and relevant service part organizations
[26] ISO/AWI TS 18482, Security Management System - Guidance for use - Fraud risk assessment guidance
[27] ISO 19011:2002, Guidelines for quality and/or environmental management systems auditing
[28] ISO 19600:2014, Compliance management systems - Guidelines
[29] ISO/IEC 20000-1:2011, Information technology - Service management - Part 1: Service management system requirements
[30] ISO 20121:2012, Event sustainability management systems - Requirements with guidance for use
[31] ISO 21101:2014, Adventure tourism - Safety management systems - Requirements
[32] ISO 22000:2005, Food safety management systems - Requirements for any organization in the food chain
[33] ISO 22301:2012 Societal security - Business continuity management systems - Requirements
[34] ISO 22313:2012, Societal security - Business continuity

management systems - Guidance
[35] ISO/PAS 22399, Societal security - Guideline for incident preparedness and operational continuity management
[36] ISO/IEC 27000:2011, Information technology - Security techniques - Information security management systems - Overview and vocabulary
[37] ISO/IEC 27001:2013, Information technology - Security techniques - Information security management systems - Requirements
[38] ISO/IEC 27002:2005, Information technology - Security techniques - Code of practice for information security management
[39] ISO/IEC 27005:2011, Information technology - Security techniques - Information security risk management
[40] ISO 28000:2007, Specification for security management systems for the supply chain
[41] ISO/TS 29001:2003 Petroleum, petrochemical and natural gas industries - Sector-specific quality management systems - Requirements for product and service supply organizations
[42] ISO 30000:2009, Ships and marine technology - Ship recycling management systems - Specifications for management systems for safe and environmentally sound ship recycling facilities
[43] ISO 30300:2011, Information and documentation - Management systems for records - Fundamentals and vocabulary
[44] ISO 30301:2011, Information and documentation - Management systems for records - Requirements
[45] ISO 31000:2009, Risk management - Principles and guidelines
[46] ISO/IEC 31010:2009, Risk management - Risk assessment techniques
[47] ISO/TR 31004:2013, Risk management - Guidance for the implementation of ISO 31000
[48] ISO/DIS 34001, Security Management System
[49] ISO/CD 37001:2014, Anti-bribery management systems
[50] ISO 37500:2014, Guidance on outsourcing

[51] ISO 39001:2012, Road traffic safety(RTS) management systems − Requirements with guidance for use
[52] ISO/CD 45001, Occupational health and safety management systems − Requirements
[53] ISO 55001:2014, Asset management − Management systems − Requirements
[54] IEC 60300−1: Dependability management − Part 1: Dependability management systems
[55] ISO/IEC 90003:2004 Software engineering − Guidelines for the application of ISO 9001:2000 to computer software
[56] IWA 1:2005 Quality management systems − Guidelines for process improvements in health service organizations
[57] IWA 2:2003 Quality management systems − Guidelines for the application of ISO 9001:2000 in education
[58] IWA 4:2005 Quality management systems − Guidelines for the application of ISO 9001:2000 in local government

## 참고 웹사이트

[1] www.iso.org(국제표준화기구(ISO))
[2] www.tc176.org(ISO/TC 176 기술위원회)
[3] www.iso.org/tc176/sc2(ISO/TC 176 기술위원회 산하 SC2 분과위원회)
[4] www.iso.org/tc176/ISO9001AuditingPracticesGroup(ISO/TC 176 기술위원회 산하 Auditing Practices Group)
[5] www.iaf.nu(국제인정기관협력기구(IAF))

**ISO** 경영시스템의 뉴 패러다임
**HLS**

**발행일** 2015년 8월 20일 초판 1쇄
　　　　 2016년 12월 16일 초판 2쇄
**지은이** 홍종인, 박지혁
**발행인** 박재우
**발행처** 한국표준협회미디어
**출판등록** 2004년 12월 23일(제2009-26호)
**주소** 서울시 금천구 가산디지털1로 145, 에이스하이엔드타워3차 1107호
**전화** 02-2624-0383
**팩스** 02-2624-0369
**홈페이지** www.ksamedia.co.kr

**ISBN** 978-89-92264-85-3 93320
값 15,000원

※ 이 책은 저작권법에 따라 보호받는 저작물이므로 무단 전재와 복제를 금합니다.